JN439018

사회복지학총서 2

리더십

봉민근 저

지역사회연구소

서 문

이 책은 본인이 수년간 리더십을 강의하면서 중요하다고 생각되는 것을 엮은 것이다. 이 책은 리더가 되고자 하는 대학생 및 대학원생, 중앙공무원, 지방공무원, 기초의회의원, 광역의회의원, 국회의원, 기업의 임직원, 언론기관의 종사자, 사회단체의 직원 등이 꼭 읽어야 할 필독서이다.

이 책은 다음과 같이 구성되어 있다.

제1장 리더십의 개념

제2장 리더십의 이론

제3장 지능과 리더십

제4장 성격과 리더십

제5장 동기부여와 리더십

제6장 의사전달과 리더십

제7장 갈등관리와 리더십

제8장 학습과 리더십

제9장 조직변화와 리더십

제10장 조직개발과 리더십

제11장 조직문화와 리더십

제12장 능력발전과 리더십

제13장 조직구조와 리더십

제14장 TQM과 리더십

제15장 인적자원과 리더십

이 책이 나오기까지 저에게 가르쳐 주셨던 여러 스승님들과 동료 교수 및 선후배에게 깊은 감사를 드린다.

저를 낳아 정성어린 사랑으로 성장시켜 주신 부모님과 사랑스런 저의 아내를 낳아 저에게 보내주시고 늘 사랑으로 인도해 주시는 장인장모님께 깊은 감사를 드린다. 그리고 나의 형내외님과 조카들에게 감사하며, 동생내외님과 조카들에게 감사한다. 처형내외님과 조카 그리고 처남내외님, 처제내외님에게 깊은 감사를 드린다. 늘 곁에서 시중을 드느라고 고생하고 있는 나의 아내 심혜영님에게 감사하며, 딸 봉주은과 아들 봉하빈에게 깊은 감사를 드린다.

2007년 3월 31일

가은(佳隱) 봉민근(奉珉根) 박사(博士)

내용목록

제1장 리더십의 개념

리더십에 대한 정의는 학자들의 관점에 따라 조금씩 상이하게 규정되고 있다(Don Hellriegel, 1988:300-337; Harold Koontz and Cyril O'Donnell, 1959:435; 김원경, 1995:603-646; 박연호외 공저, 2002:113-201; George R. Terry, 1972:493; 오석홍, 2006:393-414; 이창원외 공저, 1999:253-283; James r. Bowditch, 1985:126-148; Paul Hersey & Ken Blanchard, 1982:82-105; Robert Tannenbaum, Irving R. Weschler and Fred Massarik, 1959). 리더십에 대한 학자들의 견해를 살펴보면 다음과 같다. D.E. McFarland는 리더십이란 매우 애매한 개념(elusive concept)이라고 표현했는데 리더십에 대한 연구가 1세기 이상 지속되어 온 지금에도 리더십은 실로 다양한 개념으로 정의되고 있다(추헌, 1994:528-604; Dalton E. McFarland, 1974:84; 박수영외 공저, 2005:255-262; 백완기, 1984:215-226; 오세덕, 2000:193-216; John M. Pfiffner & Frank P. Sherwood, 1960:348-370 ; 박용치외 공저, 2006:370-376; 권기성 · 최진석, 2000:1-372; 정인홍외 공저, 2002:304-310; 유종해외 공저, 2000:246-250; 김규정, 2002:437-449; 이종수외 공저, 2006:395-397; 권기성 · 백철현, 1999:603-618; 하상군, 2005:340-345; 위계점 편저, 2004:531-539; 신현기외 공저, 2006:216-217; 위계점외 공저, 2003:422-430; 유훈, 2000:427-443 ; 한영춘외 공저, 1988: 463-477; 이종수외 공저, 1994:374-377; 권기성 · 최진석, 1998:15-48).

Cowley(1938)는 리더십이란 다른 사람들이 자기를 따르게 하는데 성공하는 사람이다. Homano(1950)는 리더십은 집단이 가장 소중하게 여기는 규범을 실현하는 데 제일 적합한 사람이다. Dubin(1951)은 리더십은 권한을 행사하고 의사결정을 하는 것이다. Hemphill(1954)은 리더십은 공동의 문제를 해결하는 데 집단활동이 일관성있게 지향되도록 하는 행동을 솔선하는 것이다.

Weihrich와 Koontz(1993:490)는 리더십이란 사람들로 하여금 집단목표의 달성(성취)을 위해 자발적이고 열성적으로 노력하도록 영향을 주는 영향력(influence), 기술(art), 또는 과정(process)이라 하였고, Davis(1972:100)는 정해진 목표를 열성적으로 추구하도록 타인(구성원)을 설득하는 능력이라 하였으며, Terry(1972:493)는 사람들로 하여금 집단목표(group objectives)를 위해 자발적으로 노력하도록(strive willingly) 구성원들에게 영향을 주는 행위라 하였고, Stogdill(1974:7-15)은 목표달성을 지향하도록 집단행위에 영향력을 행사하는 과정이라 하였고, Pfiffner와 Presthus(1960:62)는 희구하는 목표를 달성하기 위하여 개인 및 집단을 조정하고 동작하게 하는 기술이라 하였고, Hersey와 Blanchard(1993:93)는 어떤 주어진 상황내에서 목표달성을 위해 개인 또는 집단에 영향력을 행사하는 과정이라 하였고, Szilagyi와 Wallace(1987:318)는 목표달성을 위하여 어떤 사람이 다른 사람에게 영향을 미치는 과정이라 하였고, Davis와 Newstrom(1985:158)은 조직성원이 목표를 향하여 열심히 일하도록 용기를 주고 도와 주는 하나의 과정이라 하였고, 박연호와 이상국(2002:113-114)은 리더십이란 주어진 상황내에서 조직성원들로 하여금 조직목표의 효율적 달성에 공헌하도록 영향력을 행사하는 과정 및 기능이라고 정의하였다.

Koontz & O'Donnell(1959)은 리더십이란 공동의 목적을 성취함에 있어서 리더를 추종하도록 사람들에게 영향을 미치는 활동이라고 정의하고 있으며, Shetty(1970)는 리더십의 관리적 기능은 개인적 욕구를 충족시키면서 조직의 목적을 성취시키도록 조직성원의 동기를 유발하는 데 도움이 되는 환경을 조성하는 과정이다. Huse & Bouditch(1973)는 리더십은 조직의 목적, 개인의 목적 등을 달성하기 위해 다른 사람들이 행동을 변화시키거나 그에 영향을 미치는 노력이라고 정의하고 있다.

리더의 기능에 대하여 살펴보면 다음과 같다(김호섭, 1999:237-272). ① 리더는 집단의 목표설정과 정책을 실현하여야 할 책임을 지고 집단행동을 조정한다. ② 장단기 계획을 수립한다. ③ 전문적인 정보와 경험의 공급원이 된다. ④ 대내관계를 통제하고 대외적으로 집단을 대표한다. ⑤ 보상과 통제를 실시한다. ⑥ 갈등과 대립을 중재·조정한다. ⑦ 임무수행에 솔선수범하는 모범을 보인다. ⑧ 집단의 상징으로서 집단의 공과에 대해 책임을 진다. ⑨ 집단성원의 정서적 유대를 유지하는 결집점이 된다. ⑩ 창의적이고 적극적 사고와 행동지향적이며 진지하고 책임감을 수행한다.

이와 같이 리더십에 내포되어 있는 기본적 개념들은 다음과 같이 요약될 수 있다(추헌, 1994:530-531). 첫째, 리더십은 목표와 관련된다. 즉 조직이나 집단이 달성하고자 하는 미래상으로서의 목표를 전제로 행동이 전개되는 과정이며 조직관리의 필수불가결한 요소이다.

둘째, 리더십은 지도자(leader)와 추종자(follower)간의 관계이다. 리더는 그가 통솔하는 조직이나 집단전체의 목표와 그 자신의 권위에 입각하여 추종자의 활동에 영향을 미친다. 추종자가 없는 리더란 있을 수 없는 것이다.

셋째, 리더십은 공식적 조직계층제의 책임자(formal leadership)만이 갖는 것이 아니라 집단 내의 타구성원의 행동을 자극하고 영향을 미치는 과정이라면 동료간 또는 말단에 있는 자(informal leadership)에 의해서 행사되기도 한다. 이와 같은 조직책임자의 직권(headship)과 리더십은 구별되어야 한다.

넷째, 리더십은 리더가 추종자에게 일방적으로 행동을 강요하는 것이 아니라 어디까지나 상호작용의 과정을 통해 발휘되는 것이다.

다섯째, 리더십은 리더의 권위(authority)를 통해서 발휘되는 것이다. 리더가 타인의 행동을 유도하고, 인도하며 조정·통합할 수 있는 능력에 따라 발휘되는 것이다. 이러한 권위는 공식적·법적으로 부여된 지위뿐만 아니라 전문가적인 기술능력과 기타 여러 가지 지도자의 자질과 특성에 내재하는 것이다. 지도자의 권위가 그 추종자들에 의하여 수용(acceptance)되는 정도와 그가 리더십을 발휘하는 정도간에는 밀접한 상관관계가 있다.

여섯째, 리더십은 소속집단 및 조직 내에서 분화된 여러 가지 직능을 수행한다. 이러한 과정에서 지도자에 관한 요인, 추종자에 관한 요인 그리고 상황적 요인들이 영향을 미친다.

리더 : 다른 구성원에게 영향을 주려고 노력하는 집단구성원

부하 : 영향을 받는 영향의 대상이 되고 있는 구성원

상황적 요소 : 리더가 부하간의 영향력 행사과정을 둘러싼 환경요소, 즉 위의 변수의 상호관계를 중심으로 이를 크게 나누어 3가지 유형의 리더십 이론으로 분류할 수 있다. 이러한 리더십 이론은 자질(특성)이론(trait theory), 행태이론(behavioral theory), 상황이론(contingency theory)으로 구분되어 발전되어 왔다(박연호·이상국, 2002: 116-201; 추헌, 1994:528-604).

제2장 리더십의 이론

제1절 리더십의 자질이론

1. 자질론의 의의

1940년대와 1950년대의 리더십 연구는 주로 리더의 자질에 초점을 두었다. 즉 학자들은 성공적인 리더와 비성공적인 리더를 구별할 수 있는 일련의 확인 가능한 개인적 자질을 발견하고자 하였다(김호섭, 1999:245-246; 추헌, 1994:532-538; A.D. Szilagyi and M.J. Wallace, 1987:319; Don Hellriegel, 1988:300-337; Harold Koontz and Cyril O'Donnell, 1959:435; 김원경, 1995:603-646; 박연호외 공저, 2002:117-201; 오석홍, 2006:396-397; 이창원외 공저, 1999:254-255; James r. Bowditch & Anthony F. Buono, 1985:129-130; Paul Hersey & Ken Blanchard, 1982:82-105; John M. Pfiffner & Frank P. Sherwood, 1960: 348-370; 위계점외 공저, 2003:422-430; 권기성 · 최진석 공 편저, 2000:8-11; 정인흥외 공저, 2002:305; 권기성 · 백철현, 1999:603-608; 이종수외 공저, 2006:395-397; 유종해외 공저, 2000:246-250; 위계점, 2004:531-539; 박수영외 공저, 2005:255-262; 유훈, 2000:430; 오세덕외 공저, 2000:193-216; 김규정, 2002:440; 박용치외 공저, 2006:370-376; 백완기, 1984:215-226; 이창원외 공저, 2006:258-260; 하상군, 2005:340-345; 신현기외 공저, 2006:216-217).

偉人理論에서 출발된 자질론은 리더는 선천적으로 타고난 것이지 후천적으로 만들어지는 것이 아니라는 것인데, 이 믿음은 고대 그리스와 로마인들에게서 비롯된 것이다.

이와 같은 리더십 연구의 초기단계에서는 리더와 리더가 아닌 사람을 구별짓는 것은 무엇이며 효과적인 리더와 비효과적인 리더의 차이를 야기하는 것은 무엇인가? 하는 문제, 즉 효과적인 리더의 특성과 기법이 무엇인가 하는 문제가 연구의 주된 대상이었다.

여기서 추리가 가능한 것처럼 그들이 대전제는 훌륭한 리더는 남다른 보편적 특성을 지니고 있고, 이 특성들을 선천적으로 그리고 유전적으로 갖고 태어났다고 보는 데 있으며 이를 찾으려는 데에 노력을 집중하였다.

그러나 제2차 세계대전에서 미국군은 수백만의 평균적인 사람(average man)을 훈련시켜 훌륭한 리더로 만들었다는 연구결과의 보고도 있다. 말하자면 리더는 만들어질 수 있다는 결론이다.

이들의 관점은 오랜 세기 동안 '위인론'을 토의했던 학자들이 "인간(위인)이 역사를 만드는 가?" 아니면 "역사가 인간(위인)을 만드는가?" 하는 논쟁을 해 왔던 이유와도 같다고 볼 수 있겠다.

2. 자질론의 내용

리더가 지니는 자질이 과연 무엇인가 하는 점에 대해서는 학자마다 논의하는 바가 다르나 주요논자들의 견해를 살펴보면 다음과 같다. 리더십 이론의 특성이론(trait theory)은 효율적인 리더는 비효율적인 리더와 명확하게 구별되는 몇 가지 특성과 자질을 갖고 있다고 가정하고 있다.

자질(특성)이론가들은 리더가 구비하고 있는 공통적인 특성을 규명하는 데 온갖 노력을 기울여 왔다. Chester I. Barnard(1946:23-260)는 리더의 자질로서 먼저 안정적인 상황하에서 냉정·침착성이 필요하다고 전제하고, 오늘날과 같이 불안정·격변·불확실성 상황하에서 필요한 리더십 특성으로는 첫째 기술적 측면으로 체력(physical)·기술(technology)·지각(perception)·지식(knowledge)·기억력(memory)·상상력(imagination)들의 개인적 우월성을 가져야 하고, 둘째로 정신면에서는 결단력(determination)·지구력(persistence)·인내력(endurance)·설득력(persuasiveness)·책임감(responsibility)·용기(courage)와 같은 측면에서의 탁월성을 가져야 한다는 것이다.

Keith Davis(1959:162-163)는 성공적인 지도자에 관련된 일반적 특성으로서 ① 지식·이성(intelligence), ② 사회적 원숙성과 원만성(social maturity and breadth), ③ 내적 동기부여(inner motivation), ④ 인간관계적 태도(human relations attitudes)를 들고 있다.

O. Tead(1951)는 리더가 구비해야 할 자질로 ① 육체적·정신적 힘, ②목표의식, ③ 정열, ④ 친근성과 우호심, ⑤ 품성, ⑥ 기술적 우월성, ⑦ 과단성, ⑧ 지능, ⑨ 교육능력, ⑩신념 등의 10가지를 들고 있다.

A.J. Dubrin(1984: 311-313)은 리더가 구비해야 할 자질로 ① 지적 수준(intelligence), ② 상황에 대한 민감성(situation sensitivity), ③ 효과적인 작업습관(effective work habits), ④ 솔선수범정신(initiation), ⑤ 자신감(self confidence), ⑥ 개성(individuality), ⑦ 열정(enthusiasm), ⑧ 높은 논리적 기준 (ethical standard), ⑨ 정직(honesty), ⑩ 융통성(flexibility)과 비전(vision) 등을 들고 있다.

특히 R.M. Stogdill(1974:74-75)은 이들 많은 연구결과를 조사하여 리더십에 필요한 개인적 자질로서 신체적 특성(physical characteristics), 사회적 배경(social background), 지능(intelligence), 성격(personality), 과업관련특성(taskrelated characteristics), 사회적 특성(social characteristics) 등의 6가지를 들었는바, 그에 따라 자질론의 내용을 보면 다음 <표-1>와 같다.

(1) 신체적 특성

초창기의 리더십 연구는 나이 · 외모 · 체중 · 신장 등과 같은 신체적 특성에 관심을 집중시켰다. 이러한 요소들은 전투소대 등에서 효과적인 것은 물론 일반적으로도 부하들로부터 뛰어난 활동가로 보여진다.

(2) 사회적 배경

리더의 사회경제적 배경을 조사하는 연구들은 관심을 주로 학력, 사회적 지위 및 사회적 유동성(mobility)과 같은 요소에 두었다. 이러한 연구로부터 얻은 결과는 ① 사회경제적 지위가 높은 사람이 리더십의 지위를 획득하는 데 유리하다는 것과 ② 리더는 학력이 높은 경향이 있다는 것이다.

(3) 지능

지능과 리더의 지위와의 관계를 연구한 조사에 의하면 리더의 특징은 탁월한 판단력 · 결단력 · 지식 및 유창한 언변 등을 갖고 있다는 것을 알 수 있다.

(4) 성격

성격의 요인을 조사한 연구에서는 탁월한 리더들이 갖추어야 할 자질로서 친밀성 · 자기확신 · 성실성 · 지배욕 등을 제시하면서 이들이 모든 집단에 전적으로 일관되는 것은 아니나 어떠한 리더십 연구에 있어서도 고려되어야 할 것이라고 하였다.

<표-1> 리더의 자질연구

범주	자질
신체적 특성	연령, 체중, 신장, 외모
사회적 배경	학력, 기동력, 사회적 지위, 유사성
지능	판단력, 결단력, 언변력
성격	독립성, 자기확신, 지배욕, 적극성
과업관련 특성	성취욕, 창의성, 지속성, 책임감, 인간적 관심, 결과적 관심, 안전욕구
사회적 특성	감독능력, 협동심, 대인관계능력, 성실성, 권력욕

(5) 과업관련 특성

과업관련적 특성에 관한 연구는 리더의 특징을 높은 성취욕, 책임감, 창의성과 높은 과업지향성 등에 의해 파악하고 있다. 즉 리더는 과업달성에 관한 높은 동기와 욕구를 지니고 있는 것이 특징이라는 것이다.

(6) 사회적 특성

사회적 특성에 관한 연구에 의하면 리더는 여러 가지 활동이나 광범위한 대인관계에 있어서 뛰어난 참여의식 및 협동심 등을 지니고 있다. 이러한 인간적 기술은 집단에 매우 가치 있는 것이며, 조화와 신뢰 그리고 집단응집력 등을 증진시켜 주는 경향이 있다.

제2절 리더십의 행태론

1. 행태론의 의의

행태론적 혹은 행태론적 리더십이론이란 리더의 행태에 초점을 맞추어 리더십을 이해하고 설명하는 이론이다. 리더가 실제로 내보이는 행태유형은 무엇인가를 설명하거나 리더가 효과적인 리더십을 발휘하기 위해서는 어떤 유형의 행동과 역할을 해야 하는가를 제안하며 각각의 리더십 유형들이 현실의 경험적인 조직의 세계에서 얼마나 효과성이 있는가를 입증하고자 하는 것이 이 이론의 특색이다(오석홍, 2006:398-401; James r. Bowditch &, Anthony F. Buono, 1985:130-135; Paul Hersey & Ken Blanchard, 1982:10-12; Robert Tannenbaum, Irving R. Weschler and Fred Massarik, 1959; 김호섭, 1999:246-250; A.D. Szilagyi and M.J. Wallace, 1987:319; Don Hellriegel, John W.Slocum Richard W. Woodman, 1988:307-310; 김원경, 1995:603-646; 박연호외 공저, 2002:123-201; 추헌, 1994:539-559; John M. Pfiffner & Frank P. Sherwood, 1960:348-370; 이창원외 공저, 2006:261-267; 유종해외 공저, 2000:246-250; 김규정, 2002: 441-442; 정인홍외 공저, 2002:305; 백완기, 1984:215-226; 권기성 · 최진석 공편저, 2000:11-19; 하상균, 2005:340-345; 위계점 편저, 2004:531-539; 박수영외 공저, 2005:255-262; 유훈, 2000:431-433; 박용치, 2006:370-376; 오세덕외 공저, 2000:193-216; 권기성 · 백철현, 1999:603-618; 이종수외 공저, 2006:395-397; 신현기외 공저, 2006: 216-217).

1950년대에 행태론자들은 리더십을 파악하는 데 있어서 그들의 관심을 리더의 자질보다는 주로 리더의 행태, 즉 리더가 하는 일이 무엇이며, 그 일을 어떻게 수행하는가에 집중시켰다. 이러한 리더십의 행태적 접근방법에 의하면 효과적인 리더는 어떤 목표를 달성하기 위하여 개인이나 집단으로부터 높은 생산성과 사기앙양을 유도하는 데 있어서 하나의 특정리더십 형태를 사용한다는 것이다. 바꾸어 말하면 앞의 자질론과는 달리 행태적 접근방법은 리더의 출현보다는 리더의 효과성에 역점을 둔다(A.D. Szilagyi and M.J. Wallace, 1987:32).

특성론적 접근방법이 리더 개인을 등장시켜 리더는 '어떤 속성을 지닌 사람인가(what is a leader)?에 관해 논의함으로서 리더의 성격과 특성에 관심을 둔 데 반해, 이 행태론적 접근방법은 리더가 무엇을 하고 또 그것을 어떻게 하느냐? 하는 물음을 던짐으로서 리더의 행동과 리더의 효과에 초점을 두고, 효과를 결정하는 것은 리더 개인의 특성이 아니라 '구성원에 대한 리더의 행동'이라고 본 것이다.

2. 행태론의 내용

리더십의 행태론적 접근방법은 매우 다양하게 이루어져 왔으나 여러 이론모형 중 대표적인 몇 가지를 소개하면 다음과 같다(박연호, 2002:124-129).

(1) R.K. White와 R. Lippitt의 이론모형

R.K. White와 R. Lippitt(1958: 405-511)는 리더십에 관한 연구를 통해서 의사결정과정에서 나타나는 리더의 행동을 중심으로 권위형(authoritarian), 민주형(democratic), 자유방임형(laissez-faire, freereign) 리더십으로 분류하였다.

권위형 리더십이란 리더는 그 추종자(follower)의 의견을 들으려 하지 않으며, 조직의 목표와 그 운영방침 및 상벌을 리더가 독단적으로 결정하고, 리더 자신이 조직의 기능을 독점하려고 한다.

민주형 리더십이란 조직의 계획과 운영방침은 리더의 조언에 따라 집단구성원의 토의를 거쳐 결정하며, 업적이나 상벌은 객관적 자료에 의하여 평가하고 수여 한다.

자유방임형 리더십이란 리더는 조직의 계획이나 운영상의 결정에 관여하지 않고, 수동적 입장에서 행동하며, 조직구성원들에게 모든 일을 방임해 버린다.

한편 R. Tannenbaum과 W. H. Schmidt(1953)는 리더나 보스 중심적(boss-centered)인 권위형 리더십과 부하중심적(subordinate-centered)인 민주형 리더십의 특징을 나열하고 있다. 연속선의 권위적인 극단에 있는 리더의 행동은 독단적이며 조직의 과업수행에만 지나치게 얽매인다. 이에 반하여 부하중심적이고 민주적인 극단에 존재하는 리더는 부하들에게 많은 재량권을 주고, 인간관계적인 면에 관심을 갖는다.

(2) 인간지향적 · 과업지향적 리더십

행태이론 중에서 인간지향적 · 과업지향적 리더십은 리더가 필연적으로 수행해야 하는 두 가지 기능, 즉 과업을 완수하면서 집단구성원의 욕구를 충족시켜야 하는 기능을 전제로 하고 있다(추헌, 1994: 528-604.

R. Bales(1953)는 과업지향적 리더는 인간에게 직무에만 주안점을 둘 것을 강요하고 인간의 욕구를 억제하고 있다고 하였다. 이로 인해 사회적 리더가 출현하게 되었는데 이들은 긴장을 감소시키고 직무를 보다 즐겁게 하려고 노력하였다. 또한 이들은 인간이 갖는 사기를 고양시켜 주고 집단의 가치 · 태도 · 신념 등을 갖도록 해주었

다. 리더의 과업과 인간에 대한 차원은 상호배타적이 아님은 이미 알려진 사실이다. 행태이론가들은 인간과 과업이 상호독립적인 것으로 생각하고 있으나 대부분의 리더는 이러한 양상을 동시에 나타내고 있다.

리더십의 유형은 과업과 인간차원의 리더십을 포함해서 여러 가지 형태가 있다. 우리가 다음에 살펴볼 인간중심적 리더십은 종업원의 만족에 초점을 두고 있으며, 과업지향적인 리더십은 직무에 초점을 두고 있다.

가. 構造主導와 配慮型

구조주도(initiating structure)와 배려는 리더의 행동과 다양한 리더십 형태를 설명하는 데 사용되는 요소로서 1945년 미국 오하이오 주립대학교에서 개발되었다(Paul Hersey & Ken B. Blanchard, 1982:88-89). 오하이오 주립대 연구팀은 그들이 독창적으로 개발한 리더행동기술설문지(leader behavior description questionnaire:LBDQ)를 이용하여 여러 형태의 집단과 상황에 있어서의 리더십을 분석하였다(R.M. Stogdill and A.E. Coons, 1957)

분석결과 리더십을 이루는 구성요인은 배려가 49.6%, 구조주도가 33.6%, 생산강조가 9.8%, 사회적 감수성이 7.6%인 것으로 나타났는데, 여기서 생산강조는 구조주도에, 사회적 감수성은 배려에 각각 포함시켜 리더의 행위를 배려와 구조주도의 두 가지 요인으로 압축하였다.

이 연구진은 리더십이란 목표의 달성을 위해 집단을 지도할 때의 어떤 개인의 행동이라고 규정하였다. 여기서 리더의 2가지 차원, 즉 배려(consideration)란 리더와 집단구성원간의 관계에 있어서 우정, 상호신뢰, 존경, 온정 등을 표시하는 리더의 행위를 말하며, 한편 구조주도(initiating structure)에서 구조란 직무나 인간을 조직화하는 것을 말한다. 리더 자신과 집단구성원과의 권한관계를 형성하고, 리더가 각 구성원의 역할 및 직무수행절차를 정한다거나 지시, 보고 등의 의사소통의 경로를 설정하려고 노력하는 리더의 행동을 말한다.[1)]

<표-2> 배려 - 구조주도형의 구분

배려	구조주도
리더는 집단구성원의 말을 듣기 위해 시간을 마련한다.	리더는 일을 각각의 집단구성원에게 할당한다.
리더는 기꺼이 어떤 변화를 이룩하려고 하는 사람이다.	리더는 집단구성원에게 정해진 규칙·규정에 따르도록 한다.
리더는 친절하고 접근하기 쉬운 사람이다.	리더는 집단구성원에게 그들에게서 무엇이 기대되고 있는가를 알게 한다.

이 두 차원에 대하여 LBDQ에서 사용하고 있는 설명중 몇 개의 항목의 예는 <표-2>와 같다. 오하이오 대학의 리더십 연구의 결과를 요약하면 다음<그림-1>과 같다.

구조주도는 종업원의 성과와 적극적인 관련이 있으며, 동시에 결근율이나 고충과 같은 부정적 결과와도 관련성을 갖고 있다.

배려는 결근율이나 고충이 낮은 것과 관련성을 맺고 있으나 성과와는 부(-)의 관련성을 맺고 있거나 혹은 관련성이 없는 것으로 나타나고 있다. 배려와 구조주도가 둘 다 높은 생산성과 만족이 둘 다 높은 경향

---

1) 생산강조(production emphasis)란 직무를 강조함으로서 보다 많은 활동을 유발하도록 리더에 의해 시도되는 행동을 말한다. 사회적 감수성(sensitivity)이란 집단 내외의 압력과 사회적 상호관계에 대한 리더의 감수성 및 사회적 인식을 말한다.

이 있다. 그러나 어떤 경우에는 높은 생산성에 결근율과 고충의 문제가 수반되기도 한다.

<그림-1> 배려와 구조주도적 리더 행동유형

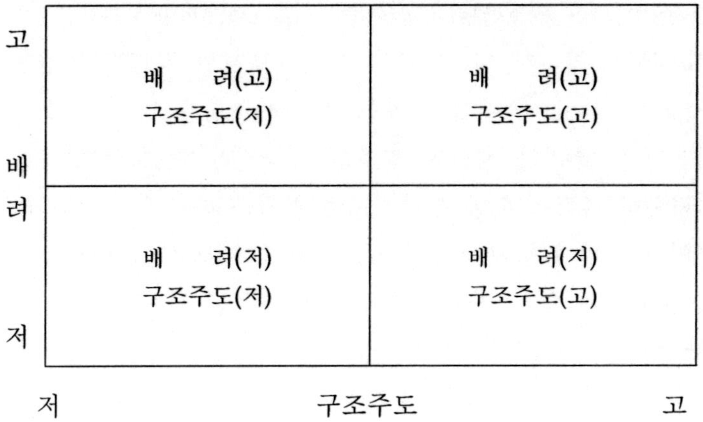

배려 \ 구조주도	저	고
고	배 려(고) 구조주도(저)	배 려(고) 구조주도(고)
저	배 려(저) 구조주도(저)	배 려(저) 구조주도(고)

결국 이러한 연구결과는 <그림-1>에서 제시된 구조주도도 높고, 배려도 높은 스타일이 가장 효과적인 리더십 스타일임을 보여 주고 있다. 오하이오 대학의 연구는 비판도 적지 않게 받고 있지만, 리더의 행위를 정의하고 설명함에 있어 상당히 체계적이고 상세한 노력을 했다고 평가받고 있다. 그런 점에서 리더십의 이론적 기초를 마련하는 데 공헌하였으며 특히 후술하게 될 관리격자(managerial grid)는 위의 결과를 발전시킨 것이다.

나. 생산중심적 · 종업원중심적 리더십

오하이오 주립대학에서 리더행동기술설문지(LBDQ)를 개발했던 시기와 거의 같은 시기에, 미시간 대학의 조사연구센터에서 유사한 프로그램이 시도되었다(Paul Hersey & Ken Blanchard, 1982:89-91; Rensis Likert, 1961). 이 연구팀에서는 리더가 의사결정에 하위자를 참여시킨다면 보다 효과적이 될 것이라는 가설을 검증하는 현장실험을 실시하였다. 이 연구는 두 가지 리더의 행동차원을 입증하기 위한 것인데, 이를 종업원지향(employee orientation)과 생산지향성(production)이라 부른다. 전자는 인간으로서의 종업원에 본질적인 중요성을 부여하고 개성과 개인의 욕구에 중점을 두는 리더의 행동을 나타낸다. 후자는 생산과 직무의 기술적인 면을 강조하고 종업원이 단순히 목적을 위한 수단이라는 가정을 나타내는 행동이다.

이 연구는 미시간 대학의 Rensis Likert(1961)에 의해 개발되었다. Rensis Likert와 그의 연구팀은 다음과 같이 특정한 리더십 유형이 높다는 사실을 입증하는 것이라고 밝혔다.

(가) 지원적 행동

리더가 하위자에게 자신의 존재가치에 대한 신념을 가질 수 있도록 지원적인 행동을 해주어야 한다는 것이다. 여기에는 하위자에 대한 신념·신뢰·하위자가 갖고 있는 문제점을 이해하려는 노력, 하위자의 성장과 발전을 돕는 행동, 끊임없는 정보전달, 우호적이고 사려깊은 행동, 의견과 기여에 대한 인정 등이 포함된다.

(나) 집단중심의 감독

하위자들에 대한 개인별 감독보다는 집단회의를 통하여 감독해야 한다는 것을 말한다. 집단중심의 감독의 장점으로서는 의사결정참여촉진, 의사소통 개선, 협동심 고취, 갈등의 원만한 해결 등이 있다. 여기에서 관리자가 하는 역할은 토론을 주관하여 토론이 보다 건설적이고 문제해결을 지향할 수 있도록 지원해 주는 것이다. 토의과정에서 의견수렴 또는 중요한 의사결정에 대하여 리더는 자신의 경험을 토대로 최선의 대안선택과 의사결정에 대한 책임을 진다.

(다) 높은 성과지향적 목표

집단의사결정과정에서 중요한 것은 구체적인 성과목표를 설정하는 일인데, 리더는 집단구성원들이 자신들의 능력에 비추어 약간 높은 수준의 실현가능한 목표를 가시적으로 설정할 수 있도록 이끌어 주어야 한다.

(라) 연결핀 역할

집단의 의사결정사항과 목표는 조직전체의 목표나 방침과 조화를 이루어야 함으로 중간관리자들은 상위층과 하위층사이에서 중개자 역할을 하여야 한다. 즉 중간관리자는 상위층의 정책과 방침을 하위층에게 정확히 전달시켜야 하는가 하면 하위층의 의견을 상부에 반영시킬 수 있는 영향력을 행사할 수 있어야 한다.

Rensis Likert의 주장에 따르면 상술한 4가지 관리형태가 계획수립이나 조정과 같은 기술적 기능과 결합될 때 집단에서 높은 성과를 기대할 수 있다는 것이다.

이 모형에서 리커트는 원인변수(causal variable), 매개변수(intervening variable), 결과변수(end-result variable) 등을 구분하여 리더십 행동을 설명하고 있는데 원인변수에는 관리자의 행동과 기능뿐만 아니라 관리자가 변화시킬 수 있는 보상체계, 규범방침과 같은 조직구조 등이 포함된다.

매개변수는 내부상태와 진전도를 반영하는 것으로서 모든 조직구성원들의 지각, 충성심, 태도, 동기부여, 성과목표 등의 변수와 상호작용이나 의사소통 및 의사결정을 효과적으로 할 수 있는 조직전체의 능력

등이 포함된다. 결과변수는 이윤 · 생산성 · 제품과 서비스의 질, 결근율, 이직률과 같은 집단조직의 효과성을 나타내는 지표들이다.

결과적으로 결과변수는 매개변수에 의해 결정되고, 매개변수는 리더행동이 포함된 원인변수에 의해 결정된다는 것을 알 수 있다. 만일 리더가 자신의 행동을 변화시킨다면 일단은 매개변수에 영향을 미쳐 변화시킬 것이지만 어느 정도 긴 시간이 지나고 나면 그러한 변화가 결과변수에도 영향을 미치게 된다.

어떤 리더십이 가장 효율적인 것인가를 결정하기 위한 연구에서 성과가 가장 높은 리더들은 그들 종업원의 문제 중 인간적인 면과 높은 성과목표를 가진 효율적인 작업집단을 형성하기 위한 노력에 그들의 관심을 갖는 것으로 나타났다.

다. 관리그리드 이론

관리격자(managerial grid)는 R.R Blake & J.S. Mouton(1964)이 오하이오 주립대학의 구조주도형, 배려형 리더십 연구를 발전시켜 어떤 방향에서 리더의 행동유형을 개발하는 것이 가장 효과적인가 하는 것을 제시한 이론이다(James L. Bowditch & Anthony, F Buono, 1985:132).

R.R Blake와 J.S. Mouton(1958)은 <그림-2>와 같이 관리그리드를 만들어서 리더가 지향할 수 있는 방향을 두 차원으로 구분하였다. 이 두 차원은 오하이오 주립대학연구의 배려 및 구조주도에 해당되며, 미시간대학 연구의 종업원지향과 생산지향적 리더십에 해당하는 것이다. 횡축에는 생산에 대한 관심의 정도를 파악할 수 있도록 9등급으로 나누고 또 종축에는 인간에 대한 관심의 정도를 파악할 수 있도록 역시 9등급으로 나누고 있다. 따라서 좌표상에 나타난 다섯 개의 기본유형을 살펴보면 다음<그림-3>과 같다.

<그림-2> 관리그리드

고	9									
	8		인간중심 지향형						이상형	
인	7									
간	6									
에	5					중용형				
의	4									
관	3									
심	2		무책임 방임형						생산 지향형	
	1									
저	0	1	2	3	4	5	6	7	8	9

(저) 생산에의 관심 (고)

무책임·방임형 : 생산과 인간에 대한 관심이 모두 무관심한 유형으로서 리더 자신의 직분을 유지하는 데 필요한 최소의 노력만을 투입하는 유형이다(무관심형).

생산지향성 : 과업경영자형으로 인간에 대한 관심은 적고 생산에 대해 최대의 관심을 갖는 행동유형이다(과업형).

인간중심지향성 : 인간에 대한 관심이 매우 높고 생산에 대한 관심은 매우 낮아 구성원의 만족과 친밀한 분위기를 조성하는 데 노력하는 행동유형이다(컨트리클럽형).

중용형 : 과업의 능률과 인간적 요소를 절충하여 적당한 수준의 성과를 지향하는 행동유형이다(중도형).

이상형 : 인간적인 면과 생산적인 면에 모두 최대의 관심을 가지고 있는 최고의 리더십 유형으로 구성원들과 조직체의 공동목표와 상호의존관계를 강조하고 상호신뢰적인 행동유형이다(팀워크형).

<그림-3> 오하이오 주립대학의 리더십 연구와 관리그리드의 결합

인간에 대한 관심	배려	저 (구조주도)	고 (구조주도)
	고	(컨트리클럽형) 낮은 구조주도와 높은 배려	(팀워크형) 높은 구조주도와 높은 배려
	저	(무관심형) 낮은 구조주도와 낮은 배려	(과업형) 높은 구조주도와 낮은 배려

저 구조주도 고

제3절 리더십의 상황이론

1. 상황이론의 의의

리더십의 자질이론이나 행태론 등의 리더십 유형에 관한 연구들의 일관된 과제는 모두 어떤 유일한 이상적인 리더십 형태를 발견하려고 하는 것이었다. 그러나 이들 연구들은 모두 효과성이란 측면을 적절하게 설명하지 못하고 있다. 즉 어떤 상황에서는 그러한 유형들이 유효한 것으로 나타나 그 반대의 경우에는 그렇지 못하다는 연구결과들도 많이 등장하고 있기 때문이다(John M. Pfiffner & Frank P. Sherwood, 160: 348-370; 백완기, 1984:215-226; 유종해외 공저, 2000:246-250; 이종수외 공저, 2006:395-397; 권기성 · 백철현, 1999:603-618; 위계점외 공저, 2003:422-430; 유훈, 2000:434-435; 하상군, 2005:340-345; 오세덕외 공저, 2000:193-216; 권기성 · 최진석 공편저, 2000:193-216; 박용치외 공저, 2006:370-376; 정인흥외 공저, 2002:305; 김규정, 2002:443-444; 박수영외 공저, 2005:255-262; 이창원외 공저; Don Hellriegel, John W. Slocum, Richard W. Woodman, 1988:313-321; 박연호외 공저, 2002: 130-144; 오석홍, 2006:402-405; James r. Bowditch, Anthony F. Buono, 1985:135-141; 추헌, 1994: 560-577; 김호섭, 1999:250-257).

따라서 어떤 상황에서나 효과적으로 적용될 수 있는 유일의 리더십의 유형이란 없다는 것을 인식하고 리더십의 효과성을 상황에 연결시키려는 상황이론이 등장하게 된 것이다(추헌, 1994: 528-604).

2. R. Tannenbaum과 W.H. Schmidt의 이론

R. Tannenbaum과 W.H. Schmidt(1973: 162-180)의 리더십 연구에서는 리더십의 여러 가지 유형 중 어떤 유형이 항상 더 바람직하다거나 덜 바람직하다고 할 수 가 없으며, 최선의 리더십유형은 결국 상황에 의해 결정되는데, 이 상황을 진단할 때 리더는 리더의 특성, 부하의 특성, 집단구조와 과업의 성질 및 조직적 요인 등의 4가지를 검토하여야 한다. R. Tannenbaum과 W.H. Schmidt(1973: 162-180)는 효율적인 리더십은 리더 · 부하 · 상황 그리고 그들간의 상호관계에 따라 좌우된다고 보고 상황이론에서 고려되고 있는 상황적 요소들을 다음과 같이 지적하고 있다(박연호, 2002:130-144).

가. 리더의 행동적 특성 : 주어진 상황에서 리더의 행태는 개인의 능력이나 개성에 의해서 결정된다. 리더의 행동에 작용하는 것에는 리더의 성격, 욕구, 동기, 과거의 경험과 강화작용 등이 포함된다.

① 성격 : 성격은 리더로서의 능력에 대한 자신감, 효율적인 리더가 되는 데 필요한 기질, 지능, 기타 능력 등의 유무에 관한 문제이다.

② 욕구와 동기 : 리더의 동기부여가 어떤 욕구에서 비롯되는가의 문제이다. A.H. Maslow에 의하면 안전욕구를 가진 리더는 부하들에 대한 빈틈없는 통제를 가함으로서 안도감을 얻지만, 자기실현욕구를 가진 리더는 부하들에 대한 쇄신적이고 창조적인 관습을 허용하거나 장려한다.

③ 과거의 경험과 강화 : 많은 경우 리더십은 리더의 문화적 배경의 산물로 본다. 즉 과거의 경험과 강화는 리더의 리더십 행태를 암시해 주는 데, 만일 과업지향적인 상사 밑에서 성장한 리더는 이러한 리더십 행태가 모든 상황에서 부하들에게 효과적이라고 생각할 수도 있다.

나. 부하의 행동적 특성 : 리더가 그의 특정 리더십 행태를 결정하기 전에 부하들의 개인적 특성이나 행태를 고려할 필요가 있다. 리더와 마찬가지로 부하들도 그들의 행태에 영향을 미치는 내적인 요인들을 지니고 있는데, 이러한 요소들로는 다음과 같은 것을 들 수 있다. 부하의 행동패턴에 영향을 주는 성격, 욕구, 동기, 과거의 경험 그리고 강화작용 등을 말한다.

① 성격 : 리더의 영향력에 대한 부하들의 반응은 부하들이 지니고 있는 성격에 따라 다르게 나타난다. 즉 부하들의 과업에 대한 자신감, 지식수준 등이 리더와 부하와의 관계에 영향을 미친다.

② 욕구와 동기 : 리더의 욕구 및 동기와 마찬가지로 부하의 욕구수준은 리더의 영향력에 영향을 미친다. 즉 A.H. Maslow의 욕구계층에 입각해서 볼 때 낮은 수준의 욕구를 가진 부하들은 과업지향적인 리더를 기꺼이 수용할 것이며, 높은 수준의 욕구를 가진 부하들에게는 관계성지향적인 리더십행태가 효과적일 것이다.

③ 과거의 경험과 강화 : 부하의 과거경험과 강화는 리더십과정에 영향을 미칠 수도 있다. 예컨대 오랫동안 참여적이고 관계성지향적인 행태를 가진 지도자 밑에서 일했던 부하들은 지시적이고 과업지향적인 리더에게는 역기능적인 반응을 보일 것이다.

다. 집단구조적 요인 : 집단의 특성도 리더의 리더십에 중요한 영향을 미친다. 집단구조적 요인에는 과업의 내용과 명백성, 집단의 규범, 구성원간의 신분서열, 응집성 등 리더의 행동과 효과에 영향을 주는 과업의 성격과 집단요소들이 포함한다.

① 집단발전단계 : 집단의 발전단계가 리더십 행태에 영향을 미칠 수 있다. 즉 시작단계의 행태는 내부 문제해결단계에서는 적절하지 못하다.

② 집단구조 : 집단규범, 단결력 등과 같은 집단구조가 리더의 리더십 행태의 효율성에 많은 영향을 미친다.

③ 집단과업 : 과업의 성질이 리더의 영향력 활동의 성공여부에 중요한 영향을 미친다. 예컨대 과업이 복잡한 집단은 일상화된 과업을 가진 집단과는 완전히 다른 리더십 행태를 필요로 한다.

라. 조직적 요인 : 리더십에 영향을 미치는 조직적 요인 가운데 가장 중요한 요인으로는 다음과 같은 4가지가 고려되어야 한다. 리더의 권리

기반, 규율과 절차, 준거조직구조, 기술, 의사결정상의 시간적 압박 등 리더의 행동과 효과에 영향을 주는 조직체 요소들을 말한다.

① 권한의 기반(power base) : 리더의 권한의 기초가 무엇인가? 특히 합법적 · 보상적 · 강제적 권력의 부재는 부하들에게 영향을 미칠 수 있는 리더의 능력을 제한할 것이다.

② 규칙과 절차 : 조직구성원의 활동을 유도하는 경우 사용되는 제반 관리시스템(메뉴얼, SOP) 등이 리더의 리더십행태에 영향을 미친다.

③ 전문성 : 예컨대 간호사, 과학자, 교육자 등과 같은 고도의 전문가집단의 업무수행 행위는 리더에 의해서 보다는 그들의 학문적 배경이나 경험에 의존한다. 따라서 리더의 영향력은 제한된다.

④ 시간 : 만일 즉각적인 결정이 요구되고 고도의 긴장이 감도는 상황이라면 집단구성원들의 참여가 극도로 제한된다. 그럼으로 위기상황에서의 참여적인 리더십은 비효율적일 가능성이 높다.

이들은 리더십 과정에서 작용하는 환경적 요소로서, 상황이론은 주로 이들 요소를 중심으로 리더십 상황을 유형화하고 이들 요소의 역할로 리더십의 효과성을 분석하고 있다.

대체적으로 볼 때 상황이론에서 언급하는 상황의 개선은 하급자(종업원)와 관련된 연구들이 주종을 이루고 있다. 즉 하급자들의 호의성을 높이고, 의사결정과정에 적절히 참여시키고, 하급자들의 목표설정에 길잡이가 되며, 그들의 성숙도를 높일 수 있는 능력을 기르는 것이 바로 리더십 개발방안의 주요 관심사가 되고 있다

3. Fred E. Fiedler의 상황모형

리더가 처해 있는 상황의 호의성을 높일 때 리더십은 촉진된다는 맥락에서 연구된 것이 리더십 효과성의 상황모형이다(contingency model of leadership effectiveness). 이 모형은 자질이론과 상황이론을 결합한 것이라고 할 수 있다. 이 이론의 제안자인 F.E. Fiedler(1967: 147)에 따르면 리더십의 효과성은 리더와 집단구성원의 상호작용유형과 상황의 好意性에 따라 결정된다는 것이다. F.E. Fiedler는 리더십 특성과 상황을 대응시키기 위해 다음과 같이 상황과 리더를 분류하고 있다(Don Hellriegel, John W. Slocum, Richard W. Woodman, 1988:313-318).

최초의 리더십 상황이론 가운데 하나가 F.E. Fiedler의 이론인데, 그는 다음 <그림-4>에서 보는 바와 같이 이론적 틀을 제시하면서 네가지 요소를 사용하고 있다.

<그림-4> F.E. Fiedler의 상황모형

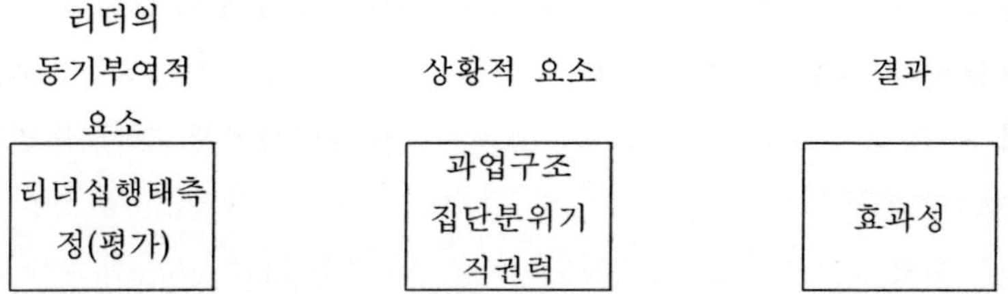

자료 : F.E. Fiedler(1967: 31)

리더십 행태측정(leadership style assessment), 과업구조(task structure), 집단분위기(group atmosphere), 리더의 직권(position power) 등이 그것이다. 처음의 것은 리더의 동기부여적인 면을 결정해 주고 나머지 세 개의 요소들은 리더에 대한 상황적 이점을 결정해 준다.

Fred. E. Fiedler(1967:13)가 제시한 이론을 상황적응이론(contingency theory)이라고 하는데, 이 이론에 따르면 리더십의 효과성은 행동과 어떤 특정한 상황적 요소(변수)와의 상호작용에 의하여 결정된다는 것이다.

일정한 상황 아래에 있는 리더로 하여금 집단의 업적에 영향을 행사할 수 있게 하는 정도를 의미하는 '상황의 호의성·유리성(situational favorability)' 또는 '상황의 통제(situational control)'라 불리는 3가지 상황변수를 간단히 살펴보면 다음과 같다.

가. 집단분위기(group atmosphere) : 집단분위기는 구성원들이 리더에 대해 갖는 믿음·신뢰·존경의 정도를 말한다. 이 요소는 리더와 구성원의 관계(leader-member relations)라 부르기도 하는바, 상황모형에서 리더와 부하의 관계가 우호적일수록 리더가 집단협력이나 노력을 획득하기 쉽다.

나. 과업구조(task structure) : 이는 집단과업이 얼마나 단조로운가 혹은 복잡한가에 관한 문제이다. 이러한 과업구조의 구성요소로서는 목표의 명확성, 목표달성과정의 복잡성, 의사결정의 정당성, 의사결정의 명확성 등이 포함된다.

다. 직권력(position power) : 이는 리더라는 직위에 부여된 권한과 관련된 문제로서 리더가 권한을 통해서 다른 사람의 행태에 미칠 수 있는 영향력 정도를 말한다. 즉 리더가 과업을 성취하기 위하여 부하들을 승진, 해고, 지시할 수 있는 권한을 어느 정도 가지고 있느냐 하는 것이다.

4. R.J. House의 이론모형

House(1974: 81-98)는 동기부여의 기대이론에 기초를 두고 리더십 효과성에 관한 경로-목표이론(path-goal theory)을 제시하였는데 이 이론의 기본적인 특징은 리더행동이 부하의 동기유발·만족·성과에 어떠한 영향을 미치게 되는가를 설명하려는 이론이다(Dohn Hellriegel, John W. Slocim, Richard W. Woodman, 1988:318-322; 박연호, 2002:136-140).

경로-목표라는 용어는 기대이론의 노력-성과, 성과-보상의 기대에 해당하는 개념으로 R.J. House는 이 이론의 모형을 다음과 같이 제시하고 있다.

이 이론에서는 리더의 중요한 기능이란 부하의 기대와 유인가에 영향을 미치는 것으로 보고 만약 리더가 어떤 행동을 통하여 유인가를 높일 수 있고 노력하면 성과를 가져올 수 있다는 가능성(기대I)을 명백히 해 주며, 성과에 대한 보상의 기대(기대II)를 높일 수 있다면 부하가 보다 더 큰 노력을 집중하게 되고 이는 보다 높은 직무만족과 보다 높은 과업성과를 낳게 하는 것이다.

이상과 같은 초창기의 연구노력 이후에 House는 리더의 행태를 역할에 따라 재규정함과 동시에 상황적 요인의 범위를 확대하여 수정된 이론모형을 제시하고 있다. 이제 House의 경로목표이론의 내용을 구체적으로 살펴보면 다음과 같고 수정이론도 기본은 리더의 역할(the role of leader)과 상황의 역동성(dynamics of situation)이 되고 있다.

가. 리더십 유형

경로-목표이론에 의하면 리더가 취할 수 있는 행위, 즉 리더십 유형에는 다음의 4가지가 있다(Paul Hersey & Ken Blanchard, 1982).

① 지시적 리더십(directive leadership) : 이는 부하들의 활동을 계획 · 조직 · 통제 · 조정하는 행동으로서 이 지시적 리더십은 부하들에게 기대하고 있는 것이 무엇인가를 알려주고, 구체적인 작업지시를 행하고 규칙과 절차를 따르도록 요구한다.

② 지원적 리더십(supportive leadership) : 이는 부하들의 욕구충족에 대하여 생각하고, 그들의 복지와 안전에 대한 관심을 표명하며 우애로운 분위기와 환경을 조성한다.

③ 참여적 리더십(participative leadership) : 이는 부하들과 상의하고 정보를 교환하며, 의사결정과정에서 부하의 의견이나 제안을 중요시 한다.

④ 성취지향적 리더십(achievement-oriented leadership) : 이는 부하들에게 도전적인 목표를 설정하여 주고 최고수준의 과업성과를 기대하여 계속적인 개선방향을 도모하며 부하들이 훌륭한 성과를 올릴 수 있는 능력에 대하여 확신을 나타내 보인다.

나. 부하의 특성

경로-목표이론은 리더십과정에서 작용하는 중요한 상황요인(situational factors)을 부하의 특성과 작업환경의 특성으로 구분하고 있다.

① 능력(ability) : 부하가 자신의 능력에 대하여 지각하는 정도로서, 어떤 과업을 효과적으로 완성할 수 있다고 지각된 능력이 크면 클수록 부하는 지시적 리더행동을 그만큼 덜 수용하려고 한다. 이 같은 행동은 불필요한 리더행동으로 보이기 때문이다.

② 통제성향(locus of control) : 이 변수는 부하가 자신의 신변에서 일어나고 있는 일들을 자신이 통제할 수 있다고 보거나 신병에서 일어나고 있는 일들이 자기의 행동 때문이라고 믿는 사람의 통제성향을 내재적이라 하고 그러한 일들이 자신의 통제범위 밖에 있고 행운이나 운명 때문이라고 믿는 사람의 통제성향을 외재적이라고 한다. 일반적으로 내재적 통제성향의 부하는 참여적 리더십을 선호하며 외재적 통제성향의 부하는 지시적 리더십을 더 선호한다고 한다.

③ 욕구 및 동인(needs and motives) : 부하의 내면에 있는 지배적인 욕구는 리더의 행동에 영향을 미친다. 예를들면 안전욕구가 강한 부하는 지시적인 리더행동을 수용하겠지만 자존의 욕구가 강한 부하는 지원적인 리더행동에 대하여 더 호의적으로 반응할 것이기 때문이다.

다. 환경적 특성

리더십유형의 선택에 영향을 미치는 환경적 요인에는 다음과 같은 3가지 광의의 요소들을 포함한다.

① 부하의 과업 : 이는 작업환경의 특성 가운데 가장 중요한 변수로서 그 과업의 구조화정도를 말한다. 즉 과업의 구조화정도가 낮고 모호성이 많으면 많을수록 지시적 리더십 행동을 더 수용하게 될 것이나 반면에 과업의 구조화 정도가 높고 일상적인 과업이라면 지시적인 리더 행동은 부적절하다. 기대에 대한 지각이 이미 뚜렷하게 외재적 만족이 주어지고 있는 과업을 수행하는 부하에게는 내재적 만족을 높여주는 지원적 리더십 행동이 더 유효하기 때문이다.

② 작업집단(work group) : 작업집단의 특성도 부하의 리더행동 수용에 영향을 준다. 리더십 유형과 작업집단의 행동과의 관계는 집단의 발전단계에 따라 리더십 유형이 달라져야 한다는 것을 의미한다. 예컨대 내부문제해결단계의 경우 리더십유형은 참여적인 행태를 통하여 갈등을 해소시켜야 하며, 동시에 지시적 리더십유형을 통해 업무관계와 기대를 명확히 해야 한다.

③ 조직적 요인(organizational factors) : 조직요인이란 규칙·절차 등이 구성원의 작업활동을 조절하고 있는 정도나 높은 압력과 작업상의 스트레스가 있는 상황 또는 불확실성이 높은 상황 등과 관련된다.

5. P. Hersey와 K.H. Blanchard의 이론모형

P. Hersey와 K.H. Blanchard(1982:185)는 리더십 3차원 유형성이론을 제시하고 있는데, 그들은 리더십이 규범적인 유일최선의 유형은 존재할 수 없으며, 부하들의 성숙수준에 따라 달라져야 한다고 보고 있다(박연호, 2002:140-144).

가. 성숙수준

상황적 리더십을 적용하는 데 있어서 가장 중요한 열쇠는 부하(조직구성원)의 성숙수준(준비성수준)을 진단하여 이에 적합한 리더십 유형을 선택적용하는 것인데, 성숙수준 또는 준비성수준이란 부하들이 특정과업을 성취하기 위한 능력과 자발성의 정도로서 정의되며, 이 성숙수준(준비성수준)은 부하들이 수행해야 할 특정과업에 국한하는 것이다(P. Hersey & K.H. Blanchard, 1982:156-157).

나. 리더십의 유형

① 지시형 : 이 리더십 유형은 평균이상의 과업행동 양과 평균이하의 관계성 행동 양의 조합에 의해서 형성되는 특징을 갖는데, 이 유형은 부하들에게 무엇을, 어디에서, 어떻게 행할 것인가를 철저히 제시해 주는 것이다.

② 지원형 : 이 리더십 유형은 평균이상의 과업행동과 관계성행동의 양의 조합에 의해서 형성되는 특징을 갖는데, 이 유형은 부하들에게 무엇을, 어떻게, 언제, 어디에서, 누가 행할 것인가 등의 지침을 리더가 계속 제공해 왔더라도 질문을 할 수 있고, 또 질문을 통해 명확화를 기할 수 있는 것이다.

③ 참여형 : 이 리더십 유형은 평균 이하의 과업행동과 평균 이상의 관계성행동의 양의 조합에 의해서 형성되는 특징을 갖는데, 이 유형은 무엇을, 어디에서, 누가, 행할 것인가 등의 많은 지시적 행위가 요구되기보다는 부하들의 용기를 북돋아 주고 의사소통을 원활히 하여 주는 것이 리더의 주요역할인 것이다.

④ 위임형 : 이 리더십 유형은 평균이하의 과업행동과 관계성행동의 양의 조합에 의해서 형성되는 특징을 갖는데, 이 유형은 리더가 부하들에게 어디에서, 무엇을, 언제, 어떻게 행할 것인가에 관한 지시적 행위보다는 부하들 스스로가 결정하게 하는 것이다.

제3장 지능과 리더십

제1절 지능의 개념

1. A. Binet의 지능관

A. Binet는 1905년 의사 T. Simon의 도움을 받아 정신박약아를 판정하기 위한 검사를 작성하였다(강봉규, 1995: 95-97). 이것이 지능검사의 시초라고 일컬어지고 있고 이 때문에 Binet는 지능검사의 아버지라고 불리우고 있다. 그는 일반지능의 본질로서, ① 일정한 방향을 설정하고, 그것을 유지하는 능력, ② 목표달성을 위해 일하는 능력, ③ 행동의 결과에 대해서 수정하는 능력 등의 세 가지 면을 들고 있다. 즉Binet는 새로운 상황에의 적응행동을 지능으로 보고, 지능의 본질로서, 방향성, 목표적합성 및 수정(자기비판)의 세 가지 측면을 생각하고 있다(강봉규, 1995:95-146; 이관용 공역, 1995: 249-260; 홍대식, 1995:533-539). Binet식 지능검사는 지적 활동의 이들 세 가지 측면을 고려하여 작성된 것으로서 아동의 적응행동을 측정하고 있다.

2. Wechsler의 지능관

Binet가 유아아동을 대상으로 한 지능검사를 만든 것에 대해서, 뉴욕 대학부속 Bellevue병원의 심리학자 D.W. Wechsler는 1939년에

'D.W. Wechsler Bellevue척도'로 불리우는 성인용 지능진단검사를 만들었다. 그 후 WAIS(성인용), WISC(아동용), WPPSI(유아용) 및 WISC-R(개정판)을 만들었다. D.W. Wechsler는 지능을 다음과 같이 정의하고 있다.

지능이란 목적으로 행동하고, 합리적으로 사고하고, 능률적으로 환경을 처리하는 개인의 총합적·전체적 능력이다. 이것은 지능에 대한 가장 포괄적인 정의로서 현재 가장 많이 지지되고 있는 것의 하나이다. 특히 의욕이나 성격 등의 비 지적요인도 포함된 다면적 구성체로서의 지능을 정의하고 있다는 점에 특색이 있다.

D.W. Wechsler의 검사가 언어검사와 적성검사로 되어 있고 각각 몇 개의 하위검사로 이루어지고 있는 점은 이러한 지능관에 의한 것이다.

3. 지능에 관한 정의의 유형

오늘까지 비교적 폭넓게 지지되고 있는 지능의 유형별로 정리해 보면 다음과 같이 다섯 가지를 들 수 있다.

① 지능이란 추상적인 사고능력이다.

이것은 L.M. Terman이나 L.L. Thurstone에 의한 정의이다. 속된 말로 '수학을 잘 하는 사람은 머리가 좋다'에 해당된다. 이 정의는 고등정신 기능에 한정하고 있기 때문에 유아나 동물에게서 찾아볼 수 있는 지적 행동을 설명할 수 없다는 난점이 있다.

② 지능이란 학습능력이다.

A.I. Gates는 '학습능력 또는 광범한 제 사실을 파악하는 능력의 복합체', W.F. Dearbone는 '학습능력 또는 경험에 의해서 획득하는 능력', V.A.C. Henmon은 '지식을 획득하고 파지하는 능력'으로 정

의하고 있다. 표현상의 차가 다소 있지만, 어느 것이나 지능을 학습 능력으로 생각하고 있다.

B.B. Buckingham이 '교육적 견지에서는 지능을 학습하는 능력으로 보는 것이 타당하다'라고 말하는 것처럼 교육과 관계지어 볼 때 실제적이고 유용한 정의로 받아들여지고 있다. 그러나 학습능력을 넓게 해석하게 되면 적응능력과 구별할 수 없게 되며, 좁게 해석하게 되면, 학습의 빠르기로 생각해 버리는 문제가 남아 있다. 특히 학습의 빠르기에 있어서는 지능과의 사이에 관계가 없음이 시사되고 있다.

③ 지능은 적응력이다.

이것은 S.S. Colvin의 '환경에의 적응을 학습하는 능력', R. Pintner의 비교적 새로운 생활장면에 자기를 잘 적응시켜 나가는 능력', W.Stern의 '새로운 과제와 생활조건에 대한 일반적, 정신적 순응력' 등의 정의가 포함된다.

④ 지능은 총합적 · 전체적 능력이다.

G.D. Stoddard는 '지능이란 곤란성, 복잡성, 추상성, 경제성, 순응성, 사회적 가치, 독창의 발현을 특징으로 하는 제 활동을 수행하며, 정력의 집중과 정서적인 저항을 필요로 하는 조건하에서도 상기 제 활동을 지속할 수 있는 능력이다.'

⑤ 지능이란 지능검사에 의해서 측정된 것이다.

E.G. Boring이나 F.N. Freeman은 지능을 이와 같이 정의하고 있다. 특히 Boring은 실증 불가능한 사전적 정의가 아니고, 조작적 정의를 내려야 한다고 주장하여 위와 같은 정의를 한 것이다.

제2절 지능의 분류

1. E.L. Thorndike의 분류

'지능이란 진리 또는 사실의 견지에서 올바른 반응을 행하는 능력이다.'라고 정의하고 있는 E.L. Thorndike는 다음의 세 가지로 분류하고 있다.

① 추상적 지능

언어나 수 등의 상징적 기호를 처리하는 능력

② 구체적(실제적) 기능

동작에 의해서 사물을 조작하는 능력

③ 사회적 지능

사람을 이해하거나 사람과 협력하는 능력

2. G. Viaud의 분류

G. Viaud는 인간과 동물의 행동을 본능적 행동과 지적 행동으로 나누고 후자의 특징으로서, 새로운 상황에 응해서 새로운 행동을 유발할 수 있는 것을 들고 있다. 그리하여 지적 행동은 상황을 이해하고, 해결방식을 찾아내고, 그것에 따라 행동한다는 세 가지 요소로 이루어져 있다고 한다.

이와 같은 지적 행동은 지능의 작용을 나타내는 것이며, Viaud는 동물, 유아, 아동, 성인에게서 볼 수 있는 지적 행동의 관찰을 통해, 실용적(감각운동적) 지능과 개념적 · 논리적 지능으로 구분하고 있다.

① 실용적 지능

이 특징은 행동이나 동작에 의해서 지적으로 적응하는 것으로 동물의 지능, 아동의 실용적 지능, 성인의 工作人的 지능으로 분류된다.

② 개념적 · 논리적 지능

이것은 인간 특유의 지능으로서 정신진화의 최후의 단계에 처음으로 나타나는 것으로서 성인의 지능을 특징짓고 또한 언어적 기능을 특징으로 하는 지능이다.

3. D.O. Hebb의 분류

① 지능 A

사람이 태어나면서 지니고 있으며 경험에 의해서 개체가 어떠한 지식이나 기술을 획득하는가 하는 문제는 전혀 관계가 없는 뇌기능의 선천적 성질이다. 이것은 지적기능발달의 선천적 잠재력이며 지능검사로서는 측정할 수는 없으나 어떤 종류의 상황에서는 대강 추정할 수는 있다.

② 지능 B

반 성숙 또는 성숙한 개체에 있어서의 이해력, 과제 해결력 또는 지적 기능 일반의 평균적 수준이다. 이것은 선천적 잠재능력(지능 A)이 그 후의 발달에 있어서 실현되는 정도이며, 지능검사에 의해서 측정 가능하다. 따라서 지능검사로 실제 측정되는 것은 지능 B의 수준인 것이며, 반드시 지능 A 수준을 반영하는 것은 아니다. 예컨대 지능 A가 충분히 발달할 수 있는 적당한 환경이라면 지능 B는 지능 A를 반영하고 있다고 말 할 수 있다. 또 환경이 좋은 데

도 지능 B가 낮으면 지능 A도 낮다고 볼 수 있지만, 환경이 불충분한 경우에 지능 B가 낮다고 해서 지능 A도 낮다고 말할 수는 없다.

4. A.R. Jensen의 분류

1969년 지능의 새로운 유전설을 주창하여 큰 논쟁을 불러일으킨 A.R. Jensen은 심적능력에 있어서 사회경제적인 차이점을 이해하기 위해서는, 지능이 단일한 것이 아니라 적어도 다음의 두 가지 수준을 생각할 필요가 있다고 주장하고 있다.

① 수준 I의 지능

이것은 연합학습의 능력으로 불리우는데 정보를 그대로 기계적으로 기명하고 저장하며 그것을 재생하는 능력이다.

② 수준 II의 지능

이것은 개념적 능력으로도 불리우는데, 개념학습, 문제해결 등이 발휘되는 것으로, 입력정보를 머리 속에서 변환 조작하는 능력이다. 분석적 이해, 추상화, 개념적 사고 등은 일반지능에 해당한다.

제4장 성격과 리더십

제1절 성격의 개념

성격(personality)이란 용어는 지성, 능력, 정서, 관념, 습관, 태도, 신체적 특징 등 많은 요소를 포함하고 있어서 대개 포괄적이면서 또한 다의적으로 사용되고 있으며, 그 개념을 간결히 그러면서도 정확히 표현하는 일이 그렇게 쉽지가 않다(이창원외 공저, 2006:135-145; 강봉규, 1995:146-237; 김규정, 2002:516;홍대식, 1995:554-602; 권기성 · 백철현, 1999:539-542; 유훈, 2000:473-476, 한영춘외 공저, 1988:421-423; 신용일, 1993:310-353; 이관용외 공역, 1995:379-404; Don Hellriegel, John W. Slocum, Richard W. Woodman, 1988:62-85; 추헌, 1994: 259-300; 136-145; Merle E. Meyer, 1979:618-650; Paul Hersey & Ken Blanchard,1982:25-26; 김호섭외 공저, 1999:86-124; 오석홍, 2006:633-634; Duncan, 1981:73-83).

성격에 관한 대표적인 정의로 G. Allport의 진술을 들 수 있다. 즉 그는 성격은 각 개인의 정신신체적 체계 안에서 그의 특징적 사고와 행동을 결정해 주는 역동적 조직이다라고 정의하고 있다. 역동적 조직이란 인간행동은 끊임없이 발달하고 변화한다는 것을 말한다.

제2절 성격에 관한 기본적 가정

1. 성격의 항상성과 변용성

1) 성격의 항상성

이것은 성격의 불변성을 뜻하는 가정이다. 즉 인간의 성격은 유아기, 아동기, 성인기를 통해 변하지 않는다고 보는 입장이다. R. Stagner는 유아기와 청년기의 성격특성을 비교하여 양자간에 일관성이 있음을 보고하고 있고 또한 K.M. Mackinnon의 연구에서도, 16명의 아동의 3세와 8세 때의 성격을 비교하여 그것이 5년간 별다른 변화가 없었음을 보고하고 있다. 이와 같이 성격의 불변성을 크게 지지하고 있는 학자들로서는 S. Freud와 A. Adler 등이다.

2) 성격의 변용성

이것은 성격의 가변성(changeability)을 믿는 입장이다. 특히 환경에 의해 성격은 변화 가능성이 크다고 보는 가정이다. 이 가정은 교육활동과 관계가 깊은 인간관이라 하겠다. 이 가정을 크게 지지하고 있는 학자로서는 E.H. Erikson, B.F. Skinner, A. Bandura 등이다.

2. 성격의 가지성과 불가지성

1) 성격의 가지성

이것은 성격의 본질을 과학적인 용어로 충분히 파악할 수 있다고 보는 가정이다. 이 입장에서는 연구자들은 대체로 결정론과 객관론에 치우친 성격 학자들이다. 대표로는 Freud, J.B. Watson, Skinner, Bandura 등을 들 수 있다.

2) 不可知性(알 수가 없음, 우주의 본질인 물 자체는 인간의 경험으로는 인식할 수 없다는 이론)

가지성에 반대하는 입장은 대개가 현상학적 이론에 치우친 사람들이다. 즉 인간은 자신이 중심이 되는 끊임없이 변화하는 주관적 경험세계 속에 살고 있으며, 이러한 개인적 경험세계는 사적인 것으로 이것은 순수하고 완전한 감각 속에서 그 개인 자신에 의해서만 느껴질 수 있기 때문에 이것을 객관적으로 검증할 수는 없다는 가정이다. 대표자로서는 Adler, C.R. Rogers 등이다.

3. 성격의 결정성과 자유성

1) 성격의 결정성

이것은 인간성격은 규정할 수 있는 어떤 변수에 의해서 결정된다는 입장이다. 대표자로서는 Freud, Skinner, H.A. Murray 등이다.

2) 성격의 자유성

이것은 인간은 진정 자유로운 선택을 할 수 있는 존재이며, 여러가지 환경의 영향을 초월할 수 있으며 자기가 선택한 인생을 자유스럽게 살아가는 창조적 삶을 가정하는 인본주의 심리학파의 기본적 입장으로서 대표자는 Adler, Rogers, Maslow 등이다.

제3절 성격형성의 유전적 · 개체적 요인

1. 유전적 요인

유전이란 생물의 형질이 유전자를 통해서 특정의 세대에서 다음의 세대에 전달되는 것이다. G. Mendel의 법칙을 대표로 하는 생물학적 유전의 연구에 입각해서 C. Darwin이나 F. Galton 이래 심리학적 입장에서도 인간의 성격형성 있어서의 유전의 역할을 해명하려는 노력이 많이 이루어져 왔던 바, 그 방법은 주로 가계연구와 쌍생아연구에 의존하는 수가 대부분이었다(Don Hellriegel, John W. Slocum, Richard W. Woodman, 1988:65-85; 강봉규, 1995:150-156).

1) 가계연구법(pedigree study)

동일가계 중에 보이는 성격의 유사경향에 대해서 연구하려는 방법이다. Jukes가계를 연구한 R.L, Dagdale의 보고에 의하면, 이 가계의 6명의 범죄자의 자손 2,820명을 추적 조사한 결과 정확히 판명된 자만 하더라도 63%가 중범죄자 또는 알콜중독 등의 문제행동의 소유자이었다고 한다. 또 H.H. Goddard의 Kallikas 가계연구, 즉 그 가계의 한 사람의 남성의 전처와 후처의 자손에 대한 조사결과 양쪽이 모두 약500명의 자손이었지만 정신박약이었던 전처 쪽의 자손에 있어서는 사회에 적응하고 자립하여 생활해 간 자는 불과 10%에도 미치지 못했으나 정상적인 후처 쪽의 자손의 경우에는 대부분이 적응상의 문제가 없이 생활이 비교적 안정되어 있었다고 한다.

2) 쌍생아 연구법(Twins study)

서로 다른 환경에서 자란 쌍생아간의 유사도를 검토하는 방법이다. 특히 유전적 소질이 같다고 생각되는 일란성 쌍생아(mono-zygotic twins: MZ)와 이란성 쌍생아(di-zygotic twins : DZ)의 비교연구가 많이 보고되고 있다.

가계연구법에서는 동일가계에 의해서 빈번히 나타나는 행동특성을 규명하는데 비해, 쌍생아 연구법에서는 일란성 쌍생아의 행동특징을 비교하는 방법을 쓰고 있다. 쌍생아를 연구한 K. Gottschaldt의 보고에 의하면 지적인 상층구조의 심리적 특성에 있어서는 유전적인 소질의 작용력이 환경력에 비해서 2-3배 높고, 활동성, 계획성, 개방성, 무관심도, 활발성 같이 내부감각적 기저에 속하는 능동성에 있어서는 유전력이 5-6배, 그리고 근본기준 같은 측면은 12배 이상으로 거의 유전력에 의존하고 있다고 보고하고 있다.

2. 생리적 요인

1) 신경계 기능

자율신경계의 반응의 회복이 현저하게 늦은 사람은 정서적 불안정이나 신경질 경향이 높아진다고 하며, 자율신경계에 대한 중추신경계의 통제를 절단하면 경우에 따라서는 보다 적응된 행동을 하는 수도 있으나 활동성의 증가나 무관심, 적극성의 결여 같은 성격의 변화를 초래하게 된다.

대뇌피질부에 손상이 오면 그 부위에 해당하는 감각이나 지적 기능이 약화되며 운동기능을 비롯한 그 밖의 인성장애를 가져오게 된다. 최근의 연구에 의하면, 대뇌피질부의 전두엽은 자기통제력, 신중성, 활동성과 관계가 깊으며, 원시적 충동이나 감정적 반응은 간뇌, 특히 시상하부(hypothalamus)와 깊은 관계가 있는 것으로 밝혀지고 있다. 또한 시상하부(視床下部: 간뇌의 대부분을 차지하는 큰 회백질의 덩어리)의 통제를 받는 부교감 신경계의 긴장도가 높은 사람은 정서적인 흥분성과 활동성이 약한 반면 인내심이 강하다고 알려져 있다.

2) 내분비 기능

최근 의학적·생리학적 연구결과에 의하면 감각선에서 분비되는 thyroxine(갑상선 호르몬의 하나)은 신체의 신진대사 기능을 조정하고 성장과 활동성을 통제하는 기능을 나타내며, 부갑상선 분비기능의 감퇴는 흥분성과 신경질 경향을 높이며, 과잉분비는 권태, 근육이완 및 흥미의 결여현상이 나타난다고 한다.

한편 뇌하수체 호르몬의 과잉분비는 적극성과 공격성을 증대시키며 과소분비는 그 반대현상을 나타낸다. 그 밖에 생식선은 특히 청년기에 그 기능이 왕성해지며 이성에 대한 관심과 흥미를 증진시키게 된다.

제4절 성격형성의 환경적 요인

1. 가정환경

1) 양육태도

부모의 양육태도가 자녀의 성격형성에 미치는 영향에 대해서는 P.M. Symonds의 [지배-복종]과 [보호-거부]의 두 가지 유형에 대한 연구를 위시해서 A.L. Baldwin, J.K. Kallhorn 등의 연구가 대표적이다(Don Hellriegel, John W. Slocum, Richard W. Woodman, 1988:66; 강봉규, 1995:152-154).

이들의 연구에 의하면 익애형(溺愛型: 지나치게 귀여워함) 또는 과보호적인 가정에서 자라난 아동은 신경질, 의존심, 자기중심성, 비사회성이 나타나기 쉽고, 거부형과 방임형의 가정에서는 반항적, 공격적이며 불안정한 성격이, 전제적인 가정에서는 수동적 순종적인 성격과 면종복배적(面從腹背: 표면으로는 복종하는 체하면서 내심으로는 배반함) 성격이, 결손가정에서는 애정의 결핍이나 대인기피 같은 성격특성이 형성되기 쉽다.

2) 출생순위

A. Alder는 개인의 출생 순위가 생활양식 형성에 영향을 준다고 했다. 특히 그는 부모가 같고 거의 같은 가정 환경에서 자란 아이들일지라도, 그들이 동일한 사회적 환경을 갖는 것은 아니라고 했다.

① 첫째아이

그는 처음 태어나서 '독자'인 시기에는 부러워할 만한 위치에 있다. 보통 부모들은 첫 아이의 출생에 대해 불안감까지는 아니더라도 스릴을 느끼며 신생아를 위해서 좋다는 일은 모두 다 하기에 바쁘다. 그래서 첫 아이는 부모의 끊임없는 사랑과 관심을 받는다. 그는 다음 아이가 태어나서 그의 즐거웠던 자리를 빼앗기기까지는 안전하고 평화스러운 생활을 즐긴다. 동생이 태어나면 이것은 이 아이의 처지와 그의 세계관을 극적으로 바꾸어 놓는다.

A. Adler는 가끔 첫 아이를 '폐위된 왕'에 비유했고, 이것이 마음의 상처가 될 수도 있다고 했다. 그 결과로 첫째 아이는 스스로 고립해서 적응해 나가며, 다른 사람의 애정이나 인정을 얻고자 하는 욕구에 초연해서 혼자 생존해 나가는 전략을 습득한다.

② 둘째 아이

둘째 아이는 처음 날 때부터 형이나 누나라는 속도 조정자(pace setter)를 가지고 있으므로, 그들의 장점을 능가하기 위한 자극과 도전을 받는다. 이런 사실이 둘째 아이에게 박차를 가하고, 첫째보다 훨씬 빠른 비율로 발전하게 하기도 한다. 그 결과 둘째 아이는 아주 경쟁심이 강하고 대단한 야망을 가진 성격이 된다. 그의 생활양식은 항상 자기가 형보다 낫다는 것을 증명하기 위해 노력하는 것이다.

③ 막내

막내 아이의 상황은 여러면에서 독특하다. 첫째 그는 동생에게 자리를 빼앗기는 충격을 경험하지 않고, 가족의 귀염둥이로 부모나 형제들 --특히 대가족인 경우-- 에 의해 응석받이로 자라게 된다. 둘째 만일 부모가 경제적으로 넉넉하지 못할 경우, 그는 자기 것이라고는 아무 것도 없고 다른 가족들로부터 물려받아야 하는 '늘 귀찮게 붙어다니는 아이'의 위치로 전락할 수도 있다. 셋째 모두가 자기보다 크고, 힘세고 특권이 있는 형으로 둘러싸여, 그는 독립심의 부족과 함께 강한 열등감을 경험하기 쉽다.

그럼에도 불구하고 막내는 한 가지 이점을 가지고 있는데, 그것은 위의 형들을 능가하려는 강한 동기유발이다. 그 결과 막내는 가끔 빠른 수영선수, 훌륭한 음악가, 재능있는 예술가, 또는 가족중에 가장 야망있는 아이가 된다. A.Adler는 때때로 '도전적인 막내'가 혁명가로 될 가능성이 많다고 했다.

④ 독자

A.Adler에 의하면 독자는 경쟁할 형제가 없는 독특한 위치에 있다. 그러므로 어머니가 응석받이로 기르기 쉬운 역점이 있고, 아버

지와 강한 라이벌 의식을 가지게 된다. 그는 엄마 치마끈에 매달려서 응석을 부리고 다른 사람들로부터도 보호받기를 원한다. 이러한 생활방식에서는 의존심과 자기중심성이 현저하게 나타난다.

독자는 어린 시절 계속해서 가족의 관심의 초점이 된다. 그러나 나중에 그가 이미 관심의 주요대상이 아니라는 것을 어렴풋이 깨닫게 된다. 독자는 결코 중심위치를 나누어 가지거나 그것으로 형제와 경쟁해 본 일이 없다.

3) 가정의 분위기

인간이 개성을 가진 것처럼 가정에도 가족구성이나 부모의 사회적·경제적·문화적 조건 등에 따라서 각기 다른 분위기가 있다.

가정의 분위기와 어린이의 성격과의 관계에 대해서 M.J. Radke는 ① 전제적인 분위기에서 자란 아동은 다른 아동에 비해 인기가 없으며 정서가 불안정하고 싸움이 빈번하다는 점, ② 민주적 가정에서 자란 아이는 정서가 안정되어 있으며 솔직하고 인기가 있으며 싸움이 적다는 점, ③ 자유가 적은 가정의 아이는 수동적, 소극적이며 인기가 없다는 점, ④ 엄격하고 벌이 심한 가정의 아이는 타인의 의견을 무시하며 인기도 별로 없는 점, ⑤ 형제자매간에 싸움이나 질투가 적은 아이는 협력적, 순종적이며, 정서적으로 안정되어 있지만 조용하고 수동적이며 활발하지 못한 점 등을 각기 특징으로 들고 있다.

최근에는 그 밖에, 가정에 있어서의 부모의 부부관계의 형태에 따라서, '불화형'의 가정의 비행에 빠지는 아동이 많다는 등 가정의 분위기와 아동의 행동경향과의 관계에 대한 많은 연구가 보고되고 있다.

2. 학교환경

아동들은 각기 소속된 집단 내에서 일정한 지위(status)와 역할을 취득하고 연출하게 됨에 따라 준거집단(reference group)이 제시하는 집단표준(frame of reference)을 학습하게 되며 아동과 상호간의 교우관계 및 교사, 학생의 인간관계 또한 모방의 동일시, 동화와 조정의 과정을 통하여 학생개인의 성격형성에 큰 영향을 미치게 된다.

3. 사회 · 문화적 환경

아동은 성장과정에서 사회가 기대되는 행동양식을 학습하고 그 사회의 가치와 규범(norm)을 받아들인다. 따라서 개인의 성격은 그가 생활하는 상황의 제반 사회문화 조건의 영향을 받게 마련이다. 문화는 일반적으로 개인의 경험을 결정하며 인간관계를 규제하고 개인의 사고방식과 행동방식을 크게 통제하기 때문에 문화는 사회화의 과정에서 개인의 성격형성에 영향을 미치며, 또한 개인은 내면화(internalization)의 과정을 통하여 문화를 섭취하고 성격을 체제화 하는 것이다.

그밖게 오늘날의 사회적 환경의 일면으로서 특히 매스미디어(TV, 라디오, 신문, 잡지, 영화, VTR 등)의 영향도 무시할 수 없다. 나아가서는 기후나 지리적 조건 같은 자연적 환경도 성격형성에 미치는 영향도 결코 적지 않다.

제5장 동기부여와 리더십

제1절 동기부여의 의의

동기부여라는 말은 일반심리학의 분야에서 인간의 행동을 설명하고 예측하기 위한 이론전개를 위해 개발된 용어로서 동기부여가 무엇을 의미하는가에 대해서는 확정된 정의가 없다고 한다. 그런데 일반적으로 동기부여란 동기유발, 혹은 동기화라고도 하는데 개인이나 집단이 자발적 내지 적극적으로 책임을 지고 일을 하고자 하는 의욕이 생기게끔 그 행동의 방향과 정도에 영향을 행사하는 것으로 조직의 목표달성을 위한 행동을 유발시키는 역동적 과정이라 할 수 있다(David C. McClelland, 1985:31-6-8; 추헌, 1994:373-424; Duncan, 1981:137-162; Don Hellriegel, John W. Slocum, Richard W. Woodman, 1988:169-174; 김원경, 1995:567-602; 박연호외 공저, 2002:171-204; 이창원외 공저, 2006:160-232; James r. Bowditch & Anthony F. Buono, 1985:43-64; 김호섭, 1999:125-156; Paul Hersey & Ken Blanchard, 1982:14-24; Merle E. Meyer, 1979:256-289; 오세덕외 공저, 2000:217-244; 이관용외 공저, 1995:267-300; 강봉규, 1995:342-352; 이종수외 공저, 2006:480-499; 신현기외 공저, 2006:209-215; 강용기외 공저, 2005:244-255; 유훈, 2000:462-472; 위계점 편저, 2004:516-525; 유종해외 공저, 2000:176-178; 박용치, 2006:360-366; 한영춘외 공저, 1988:423-451; 김규정, 2002:528-542; 박수영외 공저, 2005:245-251; 하상군, 2005:277-278; 정인홍외 공저, 2002:293-303; 백완기, 1984:116-130).

제2절 동기부여의 내용이론

동기부여의 내용이론은 개인의 욕구 중에서 만족된 욕구와 만족되지 않은 욕구를 파악함으로서 동기부여를 설명할 수 있는 방법과 개인의 욕구, 금전이나 표창 등과 같은 다양한 보상에 관한 것에 초점을 맞춘 이론이다(오석홍, 2006: 637-649; Paul Hersey & Ken Blanchard, 1982:26-31).

1. A. Maslow의 욕구단계설

1) A. Maslow의 명제

A. Maslow(1954)의 욕구단계이론은 인간욕구가 계층을 형성할 수 있으며 고차적 욕구는 저차원의 욕구가 충족될 때 동기부여요인으로서 작용한다는 점을 가정하고 있다(Don Hellriegel, John W. Slocum, Richard W. Woodman, 1988:174-176).

첫째, 인간은 부족한 존재이다(Man is a wanting being) 인간은 항상 무엇을 원하고 있으며, 또 더 원하게 된다. 대체로 인간은 그가 원하는 한 가지 욕구를 충족하게 되면, 그 대신 새로운 욕구의 실현을 꾀하게 된다. 이러한 과정은 끊임없이 계속된다. 따라서 인간의 어떤 특정한 욕구는 충족될 수 있으나, 전반적인 욕구는 충족될 수 없는 것이다.

둘째, 이미 충족된 욕구는 인간행동의 동기를 유발하는 요인이 아니다. 충족되지 못한 욕구만이 행동의 동기가 되는 것이다. 예컨대, 우리 인간은 공기가 없으면 한시도 살아갈 수 없다. 그러나 인간은 평소에 공기에 대하여 별 다른 관심이 없다. 그러나 일단 그

것을 상실하거나 혹은 상실될 위험에 직면할 때 인간의 행동은 크게 영향을 받는다.

셋째, 인간의 욕구는 일련의 단계 내지 중요성의 계층별로 배열할 수 있다. 이와 같은 명제하에 A. Maslow는 욕구단계를 ① 생리적 욕구(physiological needs), ② 안전욕구(safety needs), ③ 사회적 욕구(social needs), ④ 존경욕구(esteem needs), ⑤ 자아실현욕구(self-actualization needs)의 5단계로 분류하였다.

2) A. Maslow의 욕구5단계

① 생리적 욕구(physiological needs)

생리적 욕구는 욕구계층의 최하위에 위치하고 있으며, 이는 생활을 영위하는 데 가장 필수적인 욕구이기도 하다. 공기, 음식, 배설, 성, 휴식 등이 이에 포함된다.

② 안전욕구(safety needs)

생리적 욕구가 어느 정도 충족되면 계층상 다음단계의 욕구-안전욕구-가 인간의 행동을 지배하기 시작한다. 이 단계의 욕구는 위험·손실·위협으로부터의 보호와 관련된 것이며 오늘날 물리적 위협으로부터의 보호는 중요성이 적은 반면, 경제적 안정은 아직 강한 욕구로 남아 있다. 그리고 경제적 안정은 근로자의 고용주에 대한 의존을 고려할 때 특히 중요하다. 이 욕구충족의 예로는 안전한 고용관계, 노조가입, 그리고 좋은 집, 좋은 자동차와 더불어 높은 생활의 질을 위해 안정된 직장을 선호하는 것 등을 들 수 있다.

③ 사회적 욕구(social needs)

생리적 욕구 및 안전욕구가 만족된 이후 사회적 욕구는 행동의 중요한 동기요인이 된다. 사회적 욕구(social or love and belongingness needs)는 애정을 주고 받는 것, 다른 사람들과 교제하고 그들에 의해 받아들여지는 것, 자신을 사회집단의 한 부분으로 느끼는 것 등을 포함한다. 개개인은 동료집단에 소속되고 싶어하며 그 곳에서 동료들과 아울러 우의와 애정을 나누기를 원하며 그러기 위해서 친구도 사귀고 결혼을 한다. 이 욕구가 충족되지 않으면 개인과 집단간의 갈등을 일으켜 조직구성원간에 적대적이고 비협조적인 분위기가 형성되며, 호손실험에서는 생산제한행동으로 나타났다.

④ 존경욕구(esteem needs)

자존 및 타인으로부터의 존경에 관한 욕구들로서 존경의 욕구(esteem needs)는 성취, 능력, 자신감 및 지식에 관한 욕구들을 가리킨다. 이 욕구는 두 가지 측면을 가지고 있는데, 즉 본인 스스로가 자신이 중요하다고 느껴야 할 뿐더러, 이 감정이 다른 사람으로부터 인정을 받아야 한다. 이 양자가 결합될 때에만 비로서 올바른 의미의 자존심이나 자기확신이 생기게 된다. 구체적으로 이러한 욕구에는 명예 · 덕망 · 존경 · 성취 · 승진 등이 포함되며 이러한 욕구결핍시에는 신경과민 · 무기력 · 열등감에 사로잡히게 된다.

⑤ 자아실현욕구(self-actualization needs)

계층상 가장 높은 욕구로서 개인의 잠재력을 실현화하려는 욕구와 능력을 완전히 활용하려는 욕구이다. 다시 말해서 개인이 성취할 수 있는 모든 것을 달성하려는 욕구이다. A. Maslow는 자아실현의 욕구를 가리켜 "인간이 될 수 있는 가능한 모든 것이 되어 보려는 욕망"이라고 정의하였다.

2. D. McGregor의 X이론과 Y이론

D. McGregor(1966)는 그의 저서인 「기업의 인간적 측면(The Human side of Enterprise)」에서 관리자가 인적 자원을 통제함에 있어 근거로 하는 이론적 가정이 무엇이냐에 따라 기업의 전체적 성격이 결정된다고 전제하고 이러한 가정을 X · Y라는 두 가지 이론으로 설명하고 있다(Paul Hersey & Ken Blanchard, 1982:48-50).

1) X이론 : 명령통제에 관한 전통적 견해

X이론(theory X)에서의 인간에 대한 가정은 다음과 같다.

- 원래 인간은 일하기를 싫어하며 가능하면 일을 피하고자 한다.
- 인간은 별로 야심이 없고, 책임회피를 좋아하며 명령받기를 좋아하고 안전을 추구한다.
- 대다수의 사람들은 조직문제를 해결할 만한 창의성이 없다.
- 따라서 조직목표의 달성을 위하여는 강제 · 명령 · 위협 및 처벌 방법을 강구하여야 한다.

이와 같은 X이론에 따르면 인간의 동기는 대체로 低次水準의 욕구, 즉 생리적 욕구수준(physiological level)과 안전욕구의 수준(safety level)에 머무르고 있다고 가정한다.

2) Y이론 : 개인과 조직목표의 통합

Y이론(theory Y)은 인간에 대한 다음과 같은 가정을 근거로 전개된다.

- 일한다는 것은 자연적인 현상이며, 따라서 스포츠를 할 때나 놀이나 휴식의 경우와 다를 바 없다. 일은 고통의 원천이 되기도 하지만 조건 여하에 따라서는 기쁨을 가져오는 것이다. 조건이 허락하면, 인간은 책임을 스스로 질 뿐 아니라, 오히려 그것을 추구한다.
- 인간이 조직목표에 관여하는 경우, 그들은 자기지향(self-direction)과 자기통제(self-control)를 행한다.
- 개인이 조직목표에 헌신적으로 관여하는 정도는 목표달성과 보상(rewards)과의 함수이다. 목표추구적 노력의 가장 큰 대가는 자아 및 자기실현욕구의 충족이다.
- 대체로 인간은 조직문제를 해결하기 위한 창의적 능력을 구비하고 있다.
- 현대조직에 있어서 평균적 인간의 지적 능력은 그 일부분밖에 활용되지 않고 있다.

3. C.P. Alderfer의 ERG이론

ERG이론은 C.P. Alderfer(1972)에 의해서 주장된 욕구단계이론으로서 Maslow의 욕구단계설이 직면했던 문제점들을 극복하고자 제시되었다. C.P. Alderfer는 Maslow와 마찬가지로 욕구의 범주를 구분하는 것, 즉 저차적 욕구와 고차적 욕구간의 기본적 구별이 필요하다고 생각하고 Maslow의 5단계를 3가지 핵심적 범주로 구분하였다. 즉 그는 인간욕구를 존재욕구(existence needs=E), 관계욕구

(relatedness needs=R), 성장욕구(growth needs)=G)의 3가지 범주로 나누고 이를 이론적으로 검증하였다.

1) 존재욕구

배고픔, 갈증, 안식처 등과 같은 생리적·물질적 욕구 들이다. 또 봉급과 부가급부(fringe benefit) 및 육체적 작업조건 등과 같은 물질적 욕구가 이 범주에 속한다. 이러한 형태의 욕구는 생리적 욕구·안전욕구와 비교할 수 있다.

2) 관계욕구

가족구성원, 감독자, 공동작업자, 하위종업원, 친우 등과 같은 타인과의 관계와 관련되는 모든 욕구를 포괄한다. 따라서 상호간의 수용과 확인, 이해 및 영향 등 관련과정의 요소가 되고 있으며 동시에 이들 요소들은 할당과정(process of sharing)과 상호간의 감정(mutuality of feelings)에 의존하게 된다. 이러한 욕구는 A.H. Maslow의 안정욕구, 사회적 욕구 및 존경욕구의 계층과 유사하다.

3) 성장욕구

창조적 성장이나 개인적 성장과 관련된 욕구를 포괄하고 있다. 이러한 욕구는 한 개인이 자기능력을 최대한으로 이용할 수 있을 뿐만 아니라 새로운 능력개발을 필요로 하는 일에 종사함으로써 욕구충족이 가능한 것이다. 그럼으로 이 욕구는 A.H. Maslow의 자아실현욕구와 존경의 욕구가 이 범주와 비교될 수 있다.

4. F. Herzberg의 위생요인과 동기요인

최근에 가장 흥미를 끌어온 욕구이론은 F. Herzberg(1968:53-62)에 의해 개발된 것으로 동기-위생(motivation-hygiene theory) 또는 二要理論으로 불리운다(Paul Hersey & Ken Blanchard, 1982:56-61).

그는 피츠버그시에 있는 11개의 산업체에서 200명의 기술자와 회계담당자를 선정하여 면접조사과정에서 피면접자들에게 ① 직무를 수행하는 과정에서 어떠한 불만을 느끼게 되었는가, ② 어떤 직무에 만족을 느끼게 되었는가 하는 질문을 하였다. 연구결과 인간은 상호독립적인 두 가지 종류의 이질적인 욕구를 가지고 있으며 이들은 행동에 대하여 각각 다른 영향을 미치고 있다는 것이었다. 인간은 직무에 불만을 느끼면 자기가 일하고 있는 환경(environment)에 관심을 가지게 되며, 반대로 직무에 만족을 느끼면 직무 그 자체에 관심을 가지고 있다는 것을 발견하였다.

F. Herzberg는 환경에 관계된 첫 번째 욕구범주는 불만을 예방할 수 있는 작용을 한다고 생각했기 때문에 이를 위생요인(hygiene factor), 직무 그 자체에 관계된 두 번째의 욕구범주는 보다 높은 업적을 위하여 인간을 동기부여하는 데 유효한 작용을 한다고 생각했기 때문에 이를 동기부여요인이라 칭하였다. 따라서 F. Herzberg의 이론을 동기요인-위생요인이론, 혹은 2요인이론이라고 부른다.

二要因理論은 몇 가지 점에서 A.H. Maslow의 욕구단계설과 비슷하다. 그리고 이 이론은 A.H. Maslow의 모형의 상하계층욕구들을 충족시키 수 있는 두 계층의 요인을 가정한다. 즉 이것은 위생요인과 동기요인으로서 위생요인들은 회사시책 · 관리 · 감독 및 작업조건 등을 말하고, 동기요인은 직무의 본질을 반영하는 요인로서 성취 · 표창 · 승진 등 직무만족의 항목들을 말한다.

기본적으로 이 이론은 동기요인만이 행동에 동기를 부여할 수 있고, 위생요인은 종업원의 불만족을 감소시키지만 적극적 만족을 가져오지는 않는다는 것이다. F. Herzberg의 2요인이론을 요약하면 다음과 같다.

① 인간의 기본적인 욕구는 서로 반대방향을 가리키는 2개의 평행선과 같이 이원화되어 있다. 즉 인간은 이원적인 욕구구조를 가지고 있다. 한 가지 욕구체계는 불유쾌한 것 또는 고통을 피하려는 것이고 다른 한 가지 욕구체계는 개인성장을 갈구하는 것이다.

② 조직상황에 있어서 불만과 충족은 서로 별개의 차원에 있으며 불만의 逆 또는 반대가 만족이 아닌 것이다.

③ 조직상황에서 만족을 주는 요인과 불만을 주는 요인은 서로 다르고 직무만족의 결정인자는 직무상의 성취감과 그에 대한 인정, 보람있는 직무, 직무상의 책임과 성장 등 직무자체에 관련되어 있고 불만야기에 관련된 요인들은 조직의 정책과 행정, 감독, 보수, 대인관계, 작업조건 등 직무외적 또는 환경적 요인들이다.

④ 불만요인의 제거는 불만을 줄여주는 소극적 효과를 가질 뿐이며, 그러한 효과가 직무행동에 미치는 영향은 단기적임에 불과하다. 반면 만족요인의 확대는 인간의 자기실현욕구에 자극을 주고 적극적인 만족을 가져다 준다. 불만요인의 제거는 불만을 방지하는 데 기여 할 뿐이지만 만족요인(동기요인)의 개선은 직무수행의 동기를 유발한다.

5. C. Argyris의 미성숙 · 성숙이론

C. Argyris(1962)는 개인의 성격의 성숙과정을 설명하면서, 공식적인 기본원리는 성숙한 성격이 아닌 미성숙의 유아적 성격에 상응하는 왜

곡된 조직원리임을 강조하고 있다(Paul Hersey & Ken Blanchard, 1982:52-56).

<그림-5> 미성숙-성숙요인

미 성 숙		성 숙
수동적 활동	------------>	능동적 활동
의존적 상태	------------>	독립적 상태
단순한 행동양식	------------>	다양한 행동양식
얕은 관심	------------>	강한 관심
단기적 조망	------------>	장기적 조망
종속적 지위	------------>	평등 혹은 우월의 지위
자아의식의결여	------------>	자아의식 및 자기통제

C. Argyris에 의하면 개인의 성숙과정에 있어 성격의 변화는 다음 <그림-5>와 같은 하나의 연속선상에 표시될 수 있다. C. Argyris는 위와 같은 7가지의 변화를 예시하면서 건전한 인간의 성격이라고 하는 것은 미성숙상태로부터 성숙한 상태로 발전하는 것이라고 설명한다. 그는 또한 성숙한 인간은 자아실현이라는 고유의 경향을 갖고 있으며 따라서 조직구성에 있어서도 가능한 한 인간의 최대의 성숙상태를 실현할 수 있는 방법이 모색되어야 한다고 주장한다.

그러나 공식적 조직을 지배하는 전통적 조직원리, 즉 전문화(task specialization), 명령체계화(chain of command), 통솔범위(span of control), 지시의 통일성(unity of direction) 등의 제원칙은 조직의 합리성을 과도하게 추구한 나머지 성숙한 성격의 제욕구와 본질적인 괴리를 일으키게 되는 것이다.

C. Argyris에 의하면 공식적 조직의 제원리는 조직구성원들에게 ① 그들의 일상세계에 대하여 최소한의 통제를 가할 뿐이고, ② 수동적이고 의존적이며 종속적이고, ③ 단기적인 전망을 가지며, ④

피상적인 능력만을 활용하고, ⑤ 끝내 심리적 실패(psychological failure)로 유도되는 환경을 제공하고 있다고 비판한다.

C. Argyris는 건전하고 성숙한 성격의 욕구와 공식적 조직의 요건간의 모순 내지 불일치는 특히 ① 조직구성원의 성격이 성숙하면 할수록, ② 공식구조가 조직의 효과성을 극대화하기 위하여 보다 구조화되면 될수록, ③ 명령계통이 하부로 내려가면 갈수록, ④ 직무가 기계화되면 될수록 더욱 증대한다고 설명한다. 이러한 개인과 조직간의 기본적 괴리는 조직구성원의 좌절감, 갈등, 실패감 또는 단기적 전망을 더욱 심화시킨다.

자아실현을 추구하는 성숙한 인간의 욕구에 대응하기 위해서는 조직구조를 변경하지 않을 수 없다. C. Argyris는 문제해결방안으로 ① 직무확대(job enlargement), ② 참여적 혹은 종업원중심적 리더십(participative or employ-centered leadership), ③ 현실중심적 리더십(reality-centered leadership)을 제시하고 있다.

C. Argyris의 이론은 본질적으로 D. McGregor의 X · Y이론과 일맥상통한다. 그는 동기부여과정에 있어서 가장 큰 장애는 관리자의 그릇된 고용자관임을 밝히고, 조직구성원들에게 그들의 성숙한 욕구를 충족시킬 수 있도록 관리할 때 공식적 조직과 조직구성원의 인간적 욕구간의 괴리는 해소될 수 있다고 설명한다.

6. D.C. McClelland의 성취동기이론

성취동기이론(achievement motivation theory)은 D.C. McClelland (1965:321-333) 가 A.H. Maslow의 이론과 같이 인간의 욕구를 기초로 주장한 동기부여이론이다.

D.C. McClelland가 정립시킨 성취동기이론에서는 ① 성취욕구, ② 기업적 활동량, ③ 특정문화에서의 경제성장성과 사이에는 상호 관련성이 있다는 가정을 하였다. 그에 따르면 한 개인의 성격은 인간행위를 동기부여시킬 수 있는 잠재력을 지닌 다음과 같은 3가지 욕구로 구성된다고 한다.

- 성취욕구(need for achievement) : 성취욕구가 강한 사람은 성공에 대한 강한 희망을 갖고 있으며 도전받기를 원한다. 또 실패에 대해서는 비슷한 정도의 두려움을 느끼고 있다. 그리고 직무에 대하여 책임을 지기 좋아하고 수행하고 있는 방법에 대하여 즉각적인 환류(feedback)을 받기를 좋아한다.

- 권력욕구(need for power) : 높은 권력욕구를 가지고 있는 사람들은 영향력과 통제를 행사하는데 큰 관심을 가지고 있다. 이러한 사람들은 리더로서의 일을 찾고 강압적이고 자기본위적인 경향이 강하다.

- 친화욕구(need for affiliation) : 친화욕구가 높은 사람들은 다른 사람과 친근한 관계를 가지려고 하며 사회집단으로 소외되는 아픔을 피하고자 하는 경향이 강하다.

이러한 욕구를 A.H. Maslow의 이론과 비교해 보면 성취욕구와 권력욕구는 A.H. Maslow의 존경 및 자아실현욕구와 일맥상통하며 사회적 욕구는 친화욕구와 유사하다고 할 수 있으나 욕구에 대한 개념상의 차이가 있다. 즉 D.C. McClelland는 인간의 욕구는 학습된 것이며 행동에 영향을 미칠 수 있는 잠재력을 지닌 욕구단계는 개인에 따라 차이가 있다고 주장하고 있으나, A.H. Maslow는 인간은 누구에게나 공통의 욕구단계가 있다고 주장하고 있다.

7. R. Likert의 관리시스템이론

R. Likert(1982:63-67)는 관리방법을 네 개의 시스템으로 분류하였다. 즉 ① 착취적 · 권위적(explorative / authoritive), ② 온정적 · 권위적(benevolent / authoritive), ③ 협의적 · 민주적(consultative / democratic), ④ 참여적 · 민주적(participative /democratic) 형태로 분류하였으며 그 내용은 다음과 같다.

R. Likert의 연구결과에 의하면 생산성이 높은 조직일수록 시스템4에 가까운 관리방식을 택하며, 생산성이 낮은 조직일수록 시스템1에 가까운 관리방식을 택한다는 것이다. 때로는 조직이 곤란한 상황에 처하거나 단기적으로 생산성을 향상시키기 위하여 시스템1의 방식이 이용되나 그것은 장기적인 관점에서 볼 때 조직구성원이 조직목표에 기여하는 태도와 의욕을 저하시킨다는 것이다. 각 관리시스템을 요약하면 다음과 같다.

1) 시스템 1(착취적 · 권위적 시스템)

관리자는 부하를 신뢰하거나 신용하지 않으며, 대부분의 의사결정에 부하를 참여시키지 않는다. 부하는 공포나 처벌, 협박에 의해서 움직여지며, 그때 그때 보수가 주어지고, 생리적 · 안정적 욕구수준에서 만족이 주어진다.

2) 시스템 2(온정적 · 권위적 시스템)

관리자는 부하에게 어떤 신뢰감을 지니고 있으나 그것은 주인이 머슴(servants)에게 베푸는 恩惠와 유사한 성질을 갖는 것이다. 대부분의 의사결정은 최고경영층에서 행하고 미리 정해진 범위내에서 하위계층에 위임되기도 한다. 조직구성원에 대한 동기부여는 보수와 실제적인 처벌 또는 잠재적인 처벌 등에 의해서 이루어진다.

3) 시스템 3(협의적 · 민주적 시스템)

관리자는 부하에 대하여 상당한 신뢰감을 가지고 있으나 아직 완전한 신뢰감이라고는 할 수 없다. 대개의 방침이나 일반적인 의사결정은 최고경영층에서 이루어지나 특정한 개별적인 문제의 결정은 하위층에 위임된다. 그리고 상하간의 의사전달이 행해지고 조직구성원의 동기부여는 보수와 때로는 처벌에 의해 행하여지며 어느 정도의 의사결정에의 참여가 이루어진다.

4) 시스템 4(참여적 · 민주적 시스템)

관리자는 부하를 전적으로 신뢰한다. 의사결정은 조직의 각 부서에서 이루어지지만 그렇다고 산만한 의사결정에 빠지지는 않는다. 의사전달은 상하간뿐만 아니라 횡적으로도 잘 이루어진다. 조직구성원은 경제적 보수제도의 확립, 목표의 설정, 작업방법의 개선, 목표나 계획의 진척에 대한 평가 등에 협의하고 참가함으로서 동기가 부여된다.

제3절 동기부여의 과정이론

동기부여의 과정이론은 3가지가 있는데, 그 중의 하나가 행동수정이론으로서 중요한 학습이론인 동시에 동기부여의 과정이론이다. 그 이유는 행동수정이론이 사람들의 행동의 이유와 그 토대가 되는 과정을 설명하고, 다양한 상황하에서 사람들이 어떻게 행동할 것인가를 예측하려는 것이기 때문이다. 즉 동기부여의 과정이론은 인간의 동기부여가 어떠한 과정을 거쳐 이루어지는가를 설명하는데 초점을 둔 이론이다. 행동수정이론에서 행동은 사고에 기인하는 것이 아니라, 제약과 반응의 습관적인 연결에 기인한다고 가정한다. 여기서 다루게 될 기대이론은 여러면에서 행동수정이론과 비슷하다. 그러나 엄격히 살펴보면 기대이론은 사람들이 행동하기 전에 먼저 생각을 한다고 가정한다는 점에서 행동수정이론과는 다르다(오석홍, 2006:650-657; James L. Bowditch & Anthony F. Buono, 1985:49-52; 이종수외 공저, 2006:383-394; 위계점외 공저, 2003:390-396; 권기성 · 백철현, 1999:542-568; 박용치, 2006:360-366; 하상군, 2005:277-287; 신현기외 공저, 2006:209-215; 이창원외 공저, 2006:198-230).

1. V.H. Vroom의 기대이론

1) 기대이론의 내용

동기부여의 기대이론(expectancy theory)에 있어서 개인의 동기부여는 행위와 보상이 어떻게 연결될 것인가에 관한 개인의 지각에 의존하는 것이다(V.H. Vroom, 1976:17-18; Don Hellriegel, John W. Slocum, Richard W. Woodman, 1988:188-192).

기대이론은 욕구충족과 직무수행 사이의 직접이고 적극적인 상관관계에 회의를 표시하고 욕구와 만족 그리고 동기유발사이의 기대라는 요인을 명확하게 재개시킨다는 점에서 전통적인 욕구이론과는 구별된다. 즉 기대이론은 욕구 · 만족 · 동기유발의 체제에 기대라는 인식론적 개념을 첨가하고 동기유발의 과정에 치중된 설명을 하기 때문에 전통적인 욕구이론과는 구별되는 것으로 보아 왔다. 그러나 기대이론 역시 인간욕구의 존재를 전제로 하고 조직성원의 욕구충족과 동기유발에 관심을 갖는 것이므로 욕구이론의 미흡한 부분을 보완하는 것이라고 이해하여야 한다.

이 기대이론에 대한 설명으로 가장 폭넓게 인정되는 견해가 V.H. Vroom에 의해서 제시되었는데 그는 우선 동기부여를 여러 자발적인 행위들 가운데서 사람들이 선택을 하는 것을 지배하는 과정으로서 정의하고 있다. 따라서 그는 세 가지 개념, 즉 유의성, 수단성, 기대에 근거를 두고 설명하고 있다.

① 결과 · 보상(outcomes or reward)

결과(보상)는 특정한 행동의 최종산물로서 1차수준결과와 2차수준결과로 분류된다. 1차수준결과는 직무목표달성 등과 같은 성과와 관련되어 있으며 개인의 직무수행노력의 결실이라 할 수 있다. 2차수준결과는 1차수준결과가 가져다 주리라고 기대하는 보상(임금인상 또는 승진 등)을 말한다.

② 기대

일정수준의 노력과 일정수준의 성과 사이의 지각된 관계를 말한다. 다시 말해서 기대(expectance)는 사람들이 자신의 노력이 실제로 1차수준결과를 가져오게 할 것이라고 믿는 정도를 의미한다.

V.H. Vroom모형은 i) 개인이 어떤 과업을 선택할 것인가, ii) 유의성, 수단성 및 관련된 기대를 근거로 하여 자신이 선택한 과정에 어느 정도 노력을 기울일 것인가를 예측하는 데 목적을 두고 있다. 요컨대, V.H. Vroom은 동기부여가 대개 다음과 같이 의식적인 단계의 사고과정을 가진다고 주장한다.

- 개인이 승진과 같은 2차수준결과가 중요한 것으로 혹은 유의성이 높은 것으로 느끼는가?
- 높은 성과와 같은 1차수준결과가 자신의 승진에 도움이 될 것이라고 느끼는가?
- 노력이 실제로 성과증대를 가져올 것이라고 느끼는가?

③ 유의성

유의성이란 어떤 결과에 대해 개인이 가지는 가치나 중요성을 나타낸다. 즉 특정한 행동과정의 결과에 대한 유인이나 개인욕구에 대한 선호의 강도를 나타낸다. 선호의 강도는 개인에 따라 나타나는 긍정적 가치, 또는 부정적 가치로서 陽의 유의성(개인이 특정결과를 바랄 경우), 陰의 유의성(개인이 특정결과를 바라지 않을 경우), 零의 유의성(개인이 특정결과와 무관한 경우)의 값을 갖는다. 직무상황에서 양의 유의성이란 임금 · 승진 · 인정 등을 말하고 음의 유의성이란 동료와의 갈등 · 직무압력 · 감독자의 꾸중 등을 말한다.

④ 수단성(instrumentality)

수단성은 1차수준결과(높은 성과: 공사기간 단축)가 2차수준결과(승진 · 봉급인산 · 인정)를 가져오게 되리라 믿는 개인이 지각하는 주관적인 확률이며, 이것은 +1.0에서부터 -1.0사이의 값을 가지고 있다. 만일 1차수준결과(높은 성과)가 2차수준결과(승진)를 가져다 준다면 수단성은 -1.0의 값을 갖는다. 만일 아무런 관계가 없다면 수단성은 0. 또는 수단성이 -1.0의 불가능한 수단성이 값을 가질 것이다.

⑤ 능력(ability)

능력이란 어떤 과업을 수행하기 위한 개인의 역량 또는 잠재력을 의미한다. 즉 그것은 개인이 무엇을 할 것인가 하는 개념이 아니라 그가 무엇을 할 수 있는가 하는 개념이다.

⑥ 힘(force)

힘이란 동기부여와 동의어로서 직무를 수행하고자 하는 힘을 의미한다.

⑦ 선택(choice)

선택은 개인이 결정하는 특정한 행동양식을 의미한다. 개인은 각 행동의 장단점을 비교하여 가치있는 결과를 가져다 주는 행동을 선택하게 된다.

2. L.W. Porter와 E.E. Lawler의 동기부여모형

L.W. Porter와 E.E. Lawler는 V.H. Vroom의 기대이론을 기초로 하여 조직에 있어서의 종업원의 작업에 대한 태도와 성과와의 관계를 규명하였다.

그들에 의하면 개개인은 과거에 습득한 바 있는 경험이나 미래에 대한 기대감에 의해 동기를 부여받는다는 사실을 시사하고 있다. 그들의 연구모형 속에는 노력(effort) · 업적(performance) · 보상(reward) 및 만족감 등의 많은 핵심적인 변수를 포함하고 있다. 그들의 연구에서는 다음과 같은 9개의 변수가 사용되고 있다.

- 보상의 가치(value of reward) : 이는 유의성을 나타내는 것으로서 하나의 성과가 지니는 매력의 정도를 말한다.
- 노력 대 보상의 확률(effort-reward probability) : 이는 보상의 노력을 근거로 하여 주어진다는 것에 대한 지각을 말하는 것으로, 구체적으로 노력 · 성과와 성과 · 보상으로 인식된다.
- 노력(effort) : 특정한 과업을 수행하는 과정에서 사용되는 힘을 말한다.
- 능력과 특성(abilities and traits) : 이는 특정인이 갖는 장기적 특성을 의미한다.
- 성과(performance) : 이는 직무를 담당하고 있는 개인의 과업성취를 의미한다.
- 역할지각(role perception) : 이는 조직구성원이 자신의 직무와 과업에 대해서 갖는 사명감을 말한다.
- 보상(rewards) : 이는 자기 자신의 생각이나 다른 사람들의 행동으로부터 얻을 수 있는 바람직한 상태로서, 이에는 내재적 및 외재적 보상이 있다.
- 지각된 공정한 보상(perceived equitable rewards) : 한 사람이 공정하다고 생각하는 보상의 양을 말한다.
- 만족(satisfaction) : 이는 직무성과에 따라 제공된 보상에 대하여 개인이 느끼는 욕구의 충족정도를 의미한다.

3. J.S. Adams와 W.B. Rosenbrum의 형평성 이론

형평성이론은 J.S. Adams와 W.B. Rosenbrum에 의하여 체계화된 이론이다(이창원, 1999:206-211; Don Hellriegel, John W. Slocum, Richard W. Woodman, 1988:192-196). 이 이론의 요점은 사람들은 자기자신의 투입(input) 대 산출(output)의 비율을 동일한 직무상황 내에 있는 다른 사람들의 투입 대 산출의 비율과 비교한다는 것이다. 그리하여 이 두 비율들이 같을 때는 형평성이 지각되고, 이 두 비율간에 어느 한 쪽이 크거나 혹은 작을 때는 불공정성이 지각된다. 즉 자신이 처해 있는 상황이 타인과 비교할 때 공평한지의 여부가 만족·불만족에 대한 규정요인이 되는 것이다.

제6장 의사전달과 리더십

제1절 의사전달의 의의

근대적 관리론의 시조인 C.I. Barnard(1938)는 경영조직의 3가지 요소로서 '공동목적 · 협동적 의욕 · 의사전달을 들고 있는데 그 중 의사전달을 조직의 불가결의 요소라고 강조하고 있는데, 실제로 최고경영자 및 중간관리자 업무수행중 그 내용의 85%이상이 의사전달로 이루어지고 있다(Don Hellriegel, John W. Slocum, Richard W. Woodman, 1982:204-233; 추헌, 1994:129-170; 김원경, 1995:647-672; Duncan, 1981:177-189; 이창원, 1992:319-339; 오석홍, 2006:347-358; 박연호, 2002:62-64; John M. Pfiffner & Frank P. Sherwood, 1960:295-308; 유종해외 공저, 2000:255-258; 백완기, 1984:309-319; 정인흥외 공저, 2002:320-325; 오세덕외 공저, 2000:245-271; 위계점외 공저, 2003:401-402 ; 이종수외 공저, 1994:369-373; 박용치, 2006:367-369; 권기성 · 백철현, 1999:664-672; 한영춘외 공저, 1988:513-521; 김규정, 2002:486-496; 하상권, 2005:355-358; 박수영외 공저, 2005:277-283).

의사전달이란 광의로는 사람과 사람, 사람과 기계, 기계와 기계사이에 이루어지는 정보의 이전과정을 말하나, 협의로는 사람과 사람 사이의 정보 · 의사 또는 감정이 교환되는 것을 의미한다. 인간이 사회적 집단을 형성하고 있을 때에는 그 집단이 어떠한 것이든 그 내부에는 의사전달이 행해지며, 그것에 의해서 집단이 유지되는 것이다. 이것은 경영조직에 있어서도 마찬가지이다. 따라서 의사전달이란 조직의 구성원이 서로 의견을 교환하고 경영조직 내에 일어나는 각종의 정보를 그 구성원에게 주지시키는 과정을 말한다(James, Bowditch & Anthony F. Buono, 1985:81-102).

제2절 의사전달의 목적

의사전달의 목적 내지 필요성을 살펴보면 다음과 같다.

- 조직의 방침을 종업원에게 철저하게 주지시키기 위해서이다.
- 종업원의 희망이나 불만을 덜어 주기 위해서이다.
- 조직내의 인간관계를 원활히 하기 위해서이다.
- 종업원의 사기를 높여 창의성과 의욕을 높이기 위해서이다.
- 조직내의 협동심을 일으키게 하고 자기책임감을 고취시키기 위해서이다.
- 경영자 대 종업원의 관계를 원활히 하여 기업목적에 대한 이해도를 깊게 하는 데 있다.

제3절 의사전달의 과정

의사전달은 조직구성원의 의사결정이나 행동에 영향을 미치게 하는 하나의 수단이기는 하나, 그것은 단순히 정보전달만 하는 것이 아니라, 그 정보가 상대방에 수용되어 이해되어야 한다. 그 정보가 상대방에 수용되어도 전달자가 의도한 결과 똑같이 상대방에 정확한 의미로 해석되지 않으면, 소위 왜곡전달(miscommunication)이 발생하게 된다. 따라서 의사전달은 다음 <그림-6>과 같이 정보의 정보원(senders)--> 정식화(encoding)--> 전달(message)-->매체(medium)--> 수용(receivers)-->이해(decoding)-->행동이라는 일련의 과정을 거치며 이것은 다시 환류되는 과정을 거친다(박연호외 공저, 2002:64-73; Don Hellriegel, John W. Slocum, Richard W. Woodman, 1988:208-211; James, Bowditch & Anthony F. Buono, 1985:81-83).

<그림-6> 의사전달과정

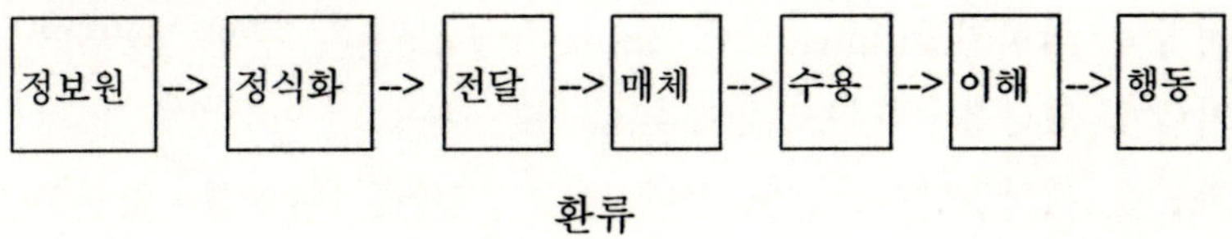

제4절 의사전달의 유형

의사전달에는 첫째, 공식적인 관계를 바탕으로 하는 공식적 의사전달(formal communication or administrative communication)과 비공식적 의사전달(informal communication or social communication)로 나누어지며, 둘째로 방법을 중심으로 언어적 의사전달(verbal communication)과 비언어적 의사전달(non-verbal communication)이 있고, 셋째, 방향을 중심으로 한 일방적 의사전달(one way communication)과 쌍방적 의사전달(two way communication) 등으로 구분된다(James, Bowditch & Anthony F. Buono, 1985:84-87; 박연호외 공저, 2002:73-76).

1. 공식적 의사전달

공식적 의사전달은 상위자와 하위자간에 행해지는 구두에 의한 지시부터 서면의 보고서 및 컴퓨터화된 정보시스템에 이르기까지 여러 형태를 가지는 의사전달로서 기본적으로 권한·책임·의무가 규정된 조직의 구조에 의해 결정되는 공식적인 관계를 바탕으로 이루어지며 ① 하향적 의사전달, ② 상향적 의사전달, ③ 수평적 의사전달 등 세 가지로 구분된다.

가. 하향적 의사전달

하향적 의사전달(downward communication)은 상위자로부터 하위자에게 명령을 내리는 것으로서, 이를 관리적 의사전달 또는 상의하향적 의사전달이라고도 한다. 이는 명확성·적합성·일관성 및 적시성이 요구되며, 그 경로 내지 수단으로는 ① 명령계통, ② 포스터나 게시판, ③ 社內報, ④ 종업원과의 서신, ⑤ 종업원편람 내지 팜플렛, ⑥ 사내방송, ⑦ 노동조합 등이 있다.

나. 상향적 의사전달

상향적 의사전달(upward communication)은 하위자로부터 상위자에게 전달되는 것으로서 의견 혹은 불평, 불만 등 인간적 욕구를 충족시키며, 특히 그들의 참여의식을 고취시키기 위한 것이다.

이러한 정보전달을 위한 수단으로는 문호를 항시 개방하여야 하며, ① 명령계통에 대응하는 보고계층, 즉 관리적 보고, ② 불만처리절차, ③ 제안제도, ④ 인사상담제도, ⑤ 근로의욕 내지 사기조사, ⑥ 노동조합 등이 필요하다.

다. 수평적 의사전달

수평적 의사전달(horizontal communication)은 횡단적 의사전달(crosswise communication)이라고도 하는데, 각 部課간의 ① 심의, ② 토의, ③ 회의, ④ 레크레이션, ⑤ 회람 등의 형식으로 이루어진다. 대부분의 조직은 이러한 공식적 의사전달의 흐름을 설정하고 효율적인 공식적 의사전달을 위하여 그들의 공식적 구조에 의존하게 된다.

2. 비공식적 의사전달

조직내에는 공식조직 외에 비공식조직이 존재하며 공식적 의사전달과 더불어 인간의 욕구에 근거하여 개인간의 접촉 또는 상호작용을 통해 자생적으로 이루어지는 비공시적 의사전달이 존재한다. 조직구성원들은 조직도표에 규정된 의사경로 외에도 자신들의 감정을 표출하고 다른 사람들과의 교류를 넓혀가기 위하여 자신의 직무상 직접적으로 관계를 맺고 있는 사람들 외에 계층이나 직종을 초월하여 의사전달을 하려고 노력하는 것이다. 이 때문에 조직내의 상당부분의 비공식적 의사전달이 존재하며 이것은 소문과 같이 포도덩굴처럼 전달된다고 하여 그레이프바인(grapervine)이라고 불리운다.

비공식적 의사전달을 차지하는 그레이프바인은 전선전화선이 나무들 사이에 마치 포도덩굴과 같이 얽혀 있다는 데서 유인된 말로서 메시지가 誤傳되어 사실과 다른 정보나 風聞에 대한 근거 없는 헛소문과 같은 의미로 해석한다.

이러한 논리에서 볼 때 비공식적 의사전달은 집단간에 벽을 높여주고 分派意識을 조장하여 조직분위기를 해치거나 조직에 바람직한 결과를 가져다 주지 못한다는 우려가 있는 반면, 최근 일부 연구론자들은 공식적 의사전달을 보완해 주는 역할, 즉 공식적인 집단의 목표를 달성하는데 빠뜨리기 쉬운 유용한 정보를 보다 신속하게 유포시킬 수 있다는 장점도 있다고 주장하고 있다.

제5절 의사전달의 기능

① 감정전달의 기능

의사전달 네트워크는 많은 사람들로 이루어지고 있으며, 사람들이 상호 의사전달하는 과정에 있어서 많은 요인들이 감정적인 내용을 포함하고 있다. 종업원의 동기유발요인은 사회적으로 다른 사람과 상호작용하려는 욕구를 포함하고 있다. 공시적 · 비공식적 의사전달은 이들 욕구를 만족시키기 위한 중요한 수단이다(이창원 외 공저, 1999:320-321; 박연호외 공저, 2002:63-64; James, Bowditch & Anthony F. Buono, 1985:96-102).

② 동기유발의 기능

의사전달의 두 번째 주요기능은 동기를 유발시키고, 지휘하고, 통제하고 그리고 조직구성원들의 성과를 평가하는 것이다. 의사전달은 리더들에게 통제 가능한 주요전달수단이며, 종업원의 동기유발, 성과평가, 교육 · 훈련과 같은 리더십 활동 등 모두가 의사전달에 관계된다.

③ 정보전달기능

감정전달의 기능과 동기유발의 기능 이외에도 의사전달은 의사결정을 위한 절대 필요한 정보전달기능이 있다.

이 경우에 의사전달경로가 개인, 집단, 그리고 조직의 의사결정을 할 수 있도록 정보전달의 정확성을 개선하기 위한 정보처리활동과 방법에 초점을 모으고 있다.

④ 통제수단기능

의사전달과 조직설계는 밀접한 관계가 있으며 실제로 조직은 공식적 의사전달 경로의 설계와 이용을 통하여 개인들의 활동을 통제하려고 시도하고 있다. 예를 들면 조직도는 한 조직내에서 의사전달의 공식적 경로를 표시해 주고 있다. 즉 일상적인 의사결정과 활동이 공식적 의사전달을 통하여 제안되고 성과와 공식적 경로를 통하여 보고되도록 요구하고 있다. 여기서 공식적 의사전달 경로는 조직내부에서 통제의 구조적 수단을 대표한다.

제6절 의사전달의 원칙

① 신뢰성(credibility)

의사전달은 신념의 풍토(climate of belief)에서 시작된다. 피전달자는 전달자를 신뢰하고 있어야 하며, 문제가 되고 있는 사항에 대한 전달자의 의사를 정확히 숙지하여야 한다.

② 상황(context)

의사전달계획은 그 환경적 현실과 일치되어야 한다. 환경적 현실과 일치되지 않는 의사전달은 허구일 수밖에 없다.

③ 내용(contents)

메시지는 피전달자에게 의미 있는 것이어야 한다. 따라서 그와 관련되는 특정성격을 지닌 것이어야 한다.

④ 명확성(clearity)

메시지는 명료한 용어로 표현되어야 하며, 용어는 전달자나 피전달자에게 동일한 뜻을 갖는 것이어야 한다. 복잡한 문제들은 단순성과 명확성을 지니고 있는 주제 및 스테레오 타입들로 요약되어야 한다. 메시지가 먼 곳으로 보내져야 할 경우는 더욱 더 단순화되어야 한다.

⑤ 계속성(continuity)과 일관성(consistency)

의사전달은 계속적 · 반복적인 과정이다. 그것이 침투에 성공하기 위하여 계속 · 반복되어야 한다. 그리고 의사전달은 전후가 모순없이 일관되어야 한다.

⑥ 경로(channels)

의사전달은 피전달자가 사용하고 있는 중요하게 생각하는 경로를 이용하는 것이 좋다. 새로운 의사전달경로를 만들어낸다는 것은 많은 제약이 따르고 또 거기에 숙달하기는 더욱 어렵다. 또한 각각 다른 경로는 서로 다른 효과를 지니고 있다.

⑦ 피전달자의 능력(capability)

의사전달에는 피전달자의 능력을 참작해야 한다. 의사전달은 피전달자측의 노력을 가장 적게 필요로 할 때 가장 효과적으로 수용되는 것이다. 그것은 피전달자의 능력 · 관심 · 습관 · 지식 등의 제요소에 알맞아야 하는 것이다.

제7장 갈등관리와 리더십

갈등은 조직에 있어서 흔히 나타나는 특징 중의 하나이다(Daniel Robey, 1982:142-171; Paul Hersey & Ken Blanchard, 1982:285-287). 근본적인 발생원인 중의 하나는 조직에 있어서의 개인적 이익, 타부서를 지배하기 위한 불화, 상충적인 목적달성, 경영철학 내지 관리방법 등의 차이를 들 수 있다. 갈등은 본질적으로 인적 상호간에 발생할 수도 있으며, 비합리적이고 독선적 방법만을 내세우는 개인들의 이기주의 때문에 발생할 수도 있다. 사람에 따라 그러한 경향이 특징적으로 나타나기도 하고 마찰과 불화로 인한 좌절된 상황에 대한 대응 때문에 나타나기도 한다(박연호 외 공저, 2002:507-528; Stephen P. Robbins, 1983:287-308; Don Hellriegel, John W. Slocum, Richard W. Woodman, 1988:485-513; 오석홍, 2006:417-424; Ducan, 1981:205-278; 추헌, 1994, 485-526; 이창원외 공저, 1999:301-318; 김호섭외 공저, 1999:208-236; 정인홍외 공저, 2002:311-319; 박수영외 공저, 2005:284-289; 백완기, 1984:264-270; 김규정,, 2002:454-462; 오세덕외 공저, 2000:272-310; 신현기외 공저, 2006:218-222; 강봉규, 1995:353-355; 이종수외 공저, 2006:398-405; 위계점외 공저, 2003:416-418; 권기성 · 백철현, 1999:673-678; 유훈, 2000:333-349; 한영춘외 공저, 1988:522-527; 이관용 공역, 1995:410-440; 유종해외 공저, 2000:240-245; 하상군, 2005:350-354).

집단간의 갈등은 현대의 모든 조직에서 필수 불가결한 현상이며 집단 및 조직의 성과에 막대한 영향을 미치는 변수이기 때문에, 최근에 들어 그 인식의 중요성이 날로 더해가고 있으며 리더십(조직행동론) 연구에 있어서 많은 관심의 대상이 되고 있는 분야이다(M. Sherif, O.J. Harvey, B.T. White, W.R. Hood and Carolyn Sherif, 1961).

갈등에는 여러 가지 형태가 있으며 이러한 갈등은 조직의 구조로부터 파생될 수도 있고 개인간, 부문간 또는 조직상호간의 문제로 인하여 발생할 수도 있다. 따라서 갈등관리(conflict management)는 조직의 존립을 위해 필요한 하나의 핵심적인 과정이라 할 수 있다. 갈등을 '관리한다'는 말은 갈등을 해소시키는 것 만을 뜻하는 것이 아니다. 조직에 해로운 갈등을 해소시키거나 완화시키는 것 뿐만 아니라 갈등을 용인하고 그에 적응하는 조치를 취하는 것, 그리고 나아가서는 조직에 유익하다고 판단되는 갈등을 조장하는 것까지를 포괄하는 활동을 갈등관리라 한다.

갈등이란 용어는 학자들에 따라 다양하게 정의되지만 ① 갈등행동의 전제조건, ② 개인의 정서상황, ③ 개인의 인지상황으로서 갈등상황의 지각 또는 의식을 중심으로 주로 갈등행동을 설명하기 위하여 사용되고 있는데 이러한 개념적 정의는 갈등상황의 동태적 과정으로 간주하여 이들 관계를 명확히 할 필요가 있다.

일반적으로 이러한 갈등이란 관련되는 개인이나 집단이 함께 일하는데 애로를 겪는 형태로 정상적인 활동이 방해되거나 파괴되는 상태라고 정의하고 해결되어야 할 문제점으로 인식되고 있다.

제1절 갈등의 원인

갈등에는 많은 요인이 작용한다. 예를 들면 한 연구에서는 집단갈등의 근원으로서 오해, 성격의 부조화, 가치와 목표의 차이, 수준 이하의 성과, 방법상의 차이, 책임감 있는 발언, 협조부족, 발언권, 최소자원경쟁, 규칙과 정책에 대한 불복종 등이 있는 것으로 밝혀졌다(박영호 외 공저, 2002:516-518).

그러나 명확히 집단간 갈등에는 많은 근원이 존재하지만, 다음의 일곱가지 요인이 대부분의 문제를 야기시킨다. 상호의존성, 목적의 차이, 지각의 차이, 조직의 차이, 권한의 불균형, 모호성, 행동경향의 차이 등이다.

1. 상호의존성

상호의존성(interdependence)은 두 개 이상의 집단이 그들의 목적을 달성하기 위하여 서로간에 의존해야 할 경우를 말한다. 즉 두 집단이 각각의 목표를 달성하는데 있어서 상호간의 협조와 정보제공, 동조 혹은 협력행동을 요하는 정도라 할 수 있다. 이러한 상호의존성은 한 집단의 다른 집단에 대한 의존성 혹은 두 집단간의 연합이나 합의를 필요로 하는 상황 등의 형태를 띠며, 조직에서의 상호의존성은 한정된 자원과 시간의 압박이라는 조직의 두 가지 특성에서 기인한다.

① 자원에 대한 상호의존성

모든 조직은 자금·인력·설비 등과 같은 인적·물적 자원의 한정된 범위 내에서 활동한다는 조직의 본질적인 면으로부터 집단들이 상호의존적인 특성을 갖게된다. 따라서 동일자원에 대한 의존성이 증가할수록 갈등이 일어날 가능성도 커지게 된다. 이에 대비하여 조직은 흔히 자원의 할당과 자원의 분산화를 통해 상호의존성을 감소시키고 있다. 예컨대 자금의 갈등방지수단으로 예산관리나 기자재의 분산사용형태가 좋은 예라 할 수 있다.

② 활동시간의 상호의존성

이는 시간을 맞추는 것과 일정에 관한 것으로서 두 집단간에 타이밍과 일정이 밀접할수록 양자간에 갈등이 발생할 가능성은 커진다. 이러한 상호의존성 정도는 기능의 전문화와 조직외부환경의 예측가능성에 영향을 받게 된다. 즉 집단간의 기능이 전문화될수록, 외부환경이 불투명할수록 전문화에서 비롯된 갈등은 증가한다.

집단들의 상호의존성과 갈등간의 관계는 직접적인 것은 아니다. 상호의존성은 집단간의 관계를 강화시키며 따라서 집단간에 상호작용이 강요될 때 갈등의 잠재력은 확대되는 것이다. 그렇다고 하여 상호의존성이 반드시 갈등으로 이어지는 것만은 아니며, 상호의존성은 오히려 집단간의 관계를 친밀하고 협동적인 관계로 발전시킬 수도 있다.

2. 목적의 차이

목적 · 가치 · 지각의 조건에 동조하는 사람은 근본적으로 다른 견해를 가진 사람에 비해 불만을 나타내는 경향이 적다. 목표의 차이(goal differences)는 집단간 갈등의 근원에 흔히 존재한다. 조직내의 집단들이 점점 전문화되어 감에 따라 각 집단들은 상이한 목적을 지니게 된다. 예컨대 생산부서의 목적은 생산비용의 절감과 불량품감소에 있지만 연구개발부서의 목적은 상품화가 가능한 혁신적인 신제품 개발에 있으므로 두 집단은 각기 자기집단의 구성원들에게 상이한 행동을 요구할 수 있다. 따라서 두 집단의 구성원들은 어떤 문제를 대할 때 상이한 시각을 갖고 임하기 때문에 갈등이 발생할 소지가 큰 것이다. 집단간의 목적의 차이는 자원이 한정되어 있는 경우와 평가기준과

정보시스템에 차이가 있는 경우 더욱 더 커진다. 구체적으로 이러한 목표의 차이는 다음과 같은 요인에 기인된다.

① 제한된 자원의존성

조직내에 존재하는 자원은 희소함으로 각 집단에 필요한 만큼씩만 할당되어야 한다. 만일 조직내에 자원이 무한정 존재한다면 각 집단은 그 나름대로의 목적을 추구하면 되는 것이다. 그러나 대부분의 경우 둘 이상의 집단의 물리적인 공간, 설비 운영자금, 스태프 서비스 등 한정된 자원을 공동으로 사용하고 있다. 따라서 각 집단은 자신의 목적추구에 필요한 자원을 될 수 있는 한 많이 확보하기 위해서 자신들의 목적이 정당하다는 점을 앞세우기 때문에 목적의 차이가 더욱 커진다. 자원이 부족하고 상호의존성이 증가할 때는 목표와 차이가 점차 표면화되고 증가하게 된다.

② 경쟁적인 보상체계

조직에서의 보상체계는 일관성을 가지고 설계되기 보다는 협상이나 독립적인 활동에 의해 발전됨으로써 경쟁이 직접적으로 강화되고 갈등이 엉뚱하게 보상을 받는 양상을 띠고 있다. 이러한 상황에서는 한 집단에 대한 보상이 다른 집단의 목표설정·달성을 방해할 수도 있다. 예를 들어 다량의 제품을 빨리 생산하려는 제조부문의 목표는 정확한 품질의 제품을 기대하는 품질관리부문의 목표와 대치되게 됨으로 두 집단은 업적평가제도의 개선을 통해 해소되어야만 하는 것이다.

③ 개인적 목표의 차이

집단의 목표는 개인목표의 산물이라 할 수 있기 때문에 동일한 목표를 갖고 있는 구성원들로 조직이 형성된다면, 다양한 목표를 갖는 구성원들의 조직보다 갈등이 적어질 수 있다.

③ 목표의 주관적 해석

조직이 명확하고 객관적인 목표를 갖고 있으면 집단간의 갈등이 줄어들 수 있다.

3. 지각의 차이

집단간의 현실에 대한 지각차이(difference in perception)도 중요한 원인으로 의견의 불일치를 촉진시키고 공동의사결정이나 협력을 어렵게 만든다. 이러한 지각의 차이는 분업이나 기능의 전문화를 안고 있는 현재조직의 특성에서 나타나는 의사전달경로상의 문제, 부서간의 전문적인 자문기구 등과 같은 독자적인 정보체계, 시간관의 차이 등의 문제에서 기인된다. 따라서 두 집단이 가치에 대한 조건이나 상황을 지각하는 방법에 차이가 있을 때 갈등은 쉽게 야기된다. 이것의 좋은 예로 계선과 참모의 갈등을 야기하는 차이들에서 설명할 수 있다. 계선과 참모의 갈등에 대한 M. Dolton(1959)의 연구는 가치와 지각에 대한 차이가 어떻게 갈등을 야기하는지 구체적인 예를 제공한다. M. Dolton(1959)은 다음과 같은 이유로 계선과 막료 관리자의 갈등이 발생한다고 한다.

① 참모관리자는 계선관리자보다 젊고, 고등교육을 받았으며, 사회적 지위가 높고, 야망적이며 정열적이다.

② 나이가 많고 경험이 많은 계선관리자는 젊은 참모관리자들로부터 충고를 듣는 것을 싫어하는 경향이 있고, 이러한 사실이 외부에 알려지는 것을 두려워한다.

③ 계선관리자는 참모를 시험감독자 혹은 계속해서 그들 자신을 시험하는 사람으로서 바라보는 경향이 있다. 반면에 참모관리자는 그들 자신을 전문가로 여긴다.

④ 계선관리자는 참모진이 그들의 권한과 임무를 잠식하고 있다고 생각한다.

⑤ 계선관리자는 침모진이 전체적인 안목이 없다고 불평한다.

⑥ 반면에 참모관리자는 계선 관리자가 완고하고, 참모에게 충분한 권한을 주지 않고 새로운 아이디어에 저항적이라고 생각한다.

4. 조직의 차이

P. Lawrence와 Jay Lorsch(1967)는 조직의 차별화가 집단간 갈등의 근원이 된다고 생각한다. 그들은 조직의 각 부문이 필수적으로 조직자체의 절차, 중요한 가치, 견해를 개발시키는 환경의 독특한 요구에 대처하기 위한 시도를 한다고 했다. P. Lawrence와 Jay Lorsch(1967)는 부문간의 차이가 커질수록 갈등의 잠재성이 크다고 생각한다. 그런데 그들은 갈등이 사실상 나타나든지 아니든지 간에 각 부문의 차이를 포함한 몇 가지 요소에 의존한다는 것을 알았다.

5. 권한의 불균형

부문의 실제의 권한이 그 구성원의 권위와 부조화될 때 집단간 갈등은 더욱 심화되는 경향이 있다. J. A. Seiler(1967: 121-132)는 기업을 대상으로 한 연구에서 기업의 관점이 갈등상태(목표, 가치, 지각의 차이)에 있거나 부문의 권한과 권위가 불일치 될 때, 집단간 갈등이 발생한다. 후자의 예로서 J. A. Seiler(1967: 121-132)는 한 회사에서 생산부문이 그들의 종업원이 소유하고 있는 기술보다 낮은 수준의 기술을 가진 종업원으로 구성된 생산기술부문으로부터 지시를 수용하는 지위에 있다는 것을 발견하였다. 그 결과 생산관리자는 생산기술부문에 의해 생산된 다양한 품목을 계속하여 검사하는데 많은 시간을 소비하는 것으로 나타났다.

6. 모호성

두 부문 사이에 각 단위업무 및 책임영역의 모호성은 각 부문간의 갈등의 가능성을 증가시킨다. 이러한 관할권의 모호성(jurisdictional ambiguities)은 불만족한 조직단위가 다른 조직단위로 하여금 방어적 전략을 쓰게 하고 자기부서는 공격적인 전략을 활용하는 소위 조직부문간 불신과 대립을 조장시킨다. 또한 전반적인 결과에 대한 책임의 결여와 상호의존적인 업무에서 각 단위들의 공헌측정의 어려움이 단위들이 상호 비난하고 신뢰구축의 저해요인으로 작용하여 전체조직의 화합을 해친다. 예를들어 만약 생산부문과 품질관리부문이 둘 다 생산절차의 변화로 인해 발생한 원가절감으로 신뢰를 구축할 수 있다면 갈등은 잘 해결될 것이다. 그러나 만약 어떠한 문제발생에 대한 책임전가나 상호비방으로 분위기가 이끌리면 갈등은 증대된다. 갈등은 역시 부문책임이 명확하게 설정되지 않은 조직, 힘의 공백이 있는 조직에 있어서도 자주 나타나는 현상이다. 그리고 조직간 갈등은 책임을 증가시킴으로서 생긴 그들의 공백을 채우기 위해 각 부문간에는 계속적으로 불화가 발생한다.

7. 행동경향의 차이

지각의 차이와 비슷한 문제로서 행동경향의 차이를 들 수 있다. 집단은 과업목적과 기능에 따라서 다양한 성격과 배경 등 서로 다른 행동경향의 모임이므로 집단간에 서로 다른 견해와 마찰이 일어나는 것은 어느 정도 자연적인 현상이라고 할 수 있다. 행동경향의 차이는 특히 계선과 참모간에서 현저히 나타나고 있다. 계선과 참모들은 일반적으로 사고방식이나 전문교육수준 그리고 생활양식에 있어서 각기 서로 다른 배경을 갖고 있으므로, 그들의 행동경향의 차이가 상호작용과정에서 나타남으로써 마찰과 갈등을 초래하게 된다.

제2절 갈등의 유형

1. 순기능적 · 역기능적 갈등

갈등은 순기능적이거나 역기능적인 상태를 띠고 있다. 조직에서 일을 했던 경험이 있는 사람은 누구든지 갈등이 존재하고 있다는 사실을 알게 된다. 반대세력들은 그들의 목적을 앞세워 조직의 목적에 대항하려는 경향이 있다. 그리고 생산활동의 지침이 되어야 할 목표가 반대세력에 부딪침에 따라 조직의 효율성은 위협을 받게 된다. 효율적인 시간들이 가치있는 정보의 은폐, 하극상 풍조가 만연되며, 각자에게 부여된 과업수행을 방해하려는 반대세력들 때문에 낭비되어 진다. 아마도 조직갈등의 잠재력 영향은 장기적으로 조직의 존립자체를 위협하게 된다. 갈등이 악영향을 미친다는 사실에도 불구하고, 전문가들은 현대조직에 있어서 잠재적으로 유용한 측면도 있다고 본다. 만약 갈등을 적절히 이용할 수만 있다면 혁신과 변혁의 원동력이 될 수도 있기 때문이다. S. Robbins(1977: 163-176)에 따르면 갈등이 본질적으로 파괴적이라는 생각이 소위 '相互行動主義者'들의 견해로 대체되어지고 있다. 이 견해는 갈등의 필요성을 인식하고 명백하게 조직에서 통제되어지는 갈등의 양을 어느 정도 고무시켜 준다는 것을 인식하고 있다. 이 견해의 기본적인 입장은 만약 조직이 정체를 피하고, 근시안적인 의사결정을 피하려면 갈등이 필요하다는 것이다.

S. Robbins(1977: 163-176)는 그것을 다음과 같이 표현했다. "건설적인 갈등은 가치 있고 필요하다. 갈등이 없다면 새로운 도전이 없고, 그곳에는 자극이 없다. 조직은 오로지 무관심해지고, 정체되어질 것이다." 일반적으로 이러한 갈등의 긍정적 측면들이 현재 경영실무의 조사결과 지지되는 것으로 나타나고 있다. 최근 최고중간계층의 경영조사에서 갈등관리를 의사결정, 동기유발, 의사소통, 경영계획 등과 같이 아주 중요시한다는 것이다. 경영자들은 조직갈등에 대하여 그들 집무시간의 약 20%를 소비하고 있는 것으로 나타내고 있다.

2. 개인적 · 개인간 · 조직간 갈등

조직내에는 세 가지 유형의 갈등이 존재한다. 개인적 · 개인간 · 조직간 역할갈등은 개인적 갈등의 대표적인 예로 들 수 있다. 이는 개인이 상충되는 명령에 직면할 때 발생한다. 즉 어느 한 쪽의 명령에 동의하면 또 다른 명령에 동의하는 것이 어렵거나 불가능하게 될 때이다. 때때로 역할갈등은 명백히 상충되는 명령 속에서 발생된다. 즉 하사가 직속상사인 중사와 대령으로부터 명령을 동시에 받았을 때 그것이 그의 중사로부터의 명령에는 불복종하도록 만드는 것이다. 그러나 때로는 역할갈등의 근원이 아주 명백하지는 않다. 즉 명령에 복종할 경우 자신이 지니고 있는 옳고 그름에 대한 평소의 가치나 생각을 혼동할 수 있을지도 모른다. 어쨌든 역할갈등은 조직내에서 중요한 문제이다. 그것은 복잡한 개인들에게 스트레스를 가중시킬 수 있으며 그리고 그들의 사기나 직무수행에 나쁜 영향을 줄 수 도 있다.

조직 내의 갈등은 개인간의 갈등이고, 개인들 사이에서 일어나며, 개인과 집단간에서도 일어난다. 때때로 그런 갈등은 정당한 근원으로부터 일어나기도 한다. 즉 복잡한 분파간에 목표나 목적에 관한 정당한 차이가 있을 때이다. 그러나 때로는 개인적 갈등은 정당한 차이가 아니라 복잡한 성격으로 인해 일어난다. 예를 들면 어떤 사람들은 과민한 결과 모든 논평을 모욕이라고 간주한다. 끝으로 조직간의 갈등들이 있다. 예를 들면 계선과 참모간의 갈등, 생산부문과 판매부문간의 갈등으로서 지금부터 조직간 갈등의 요인과 관리에 대해 초점을 맞추려고 한다.

3. 계선과 참모간의 갈등

계선과 참모를 분리하여 생각하면, 예를 들어 직원채용이 종전에는 직장이 직접 채용하던 것을 인사담당 전문참모를 임명하면 이 경우에 인사담당자와 부서장 사이에 집단간 갈등이 생길 수도 있다. 그러한 계선-참모간 갈등은 집단간 갈등을 설명하는 데 도움을 준다. 위의 예에서 직장과 인사담당자의 임무는 상호의존적이다. 왜냐하면 직장은 어떤 사람을 채용하기 전에 미리 조사해야만 하기 때문이다. 이러한 경우 직장들은 그들의 권리박탈에 대하여 분개하고 갈등이 일어나게 된다.

더구나 때때로 계선과 참모간에 관리자적 성격상의 차이가 날 수도 있다. M. Dalton은 참모관리자는 일반적으로 계선관리자보다 젊고 사회적 배경이 다르다는 것을 발견했다. 그는 또한 참모경영자의 학력이 더 높고 조직의 정책에 대하여 관여하기 쉽다는 것을 발견하였다. 또한 참모는 조직수준에 있어서 활동이 제한되어 있으므로 흔히 그들의 영역을 넓히려 한다.

또 다른 문제점은 계선과 참모가 참모관리자의 어떠한 행동이 정당한가에 대한 관점이 틀리다는 것이다. 두 연구원이 이 문제의 본질에 대하여 연구하였다. 그들은 각 조직에 있어서 최고수준의 참모인사담당자의 역할에 대하여 뉴욕 서부지역 71개 조직으로부터 두 가지 형태의 자료를 얻었다. 첫 번째 자료는 인사담당자와 다른 참모와 계선이 현재 인사담당자의 책임에 대하여 어느 정도 일치하고 있는가에 관한 것이고, 두 번째 자료는 이러한 집단들이 인사담당자의 책임이 어떻게 되어야 한다고 생각하는가에 관련된 것이다.

계선과 참모간의 갈등의 한 가지 징후는 참모와 계선관리자 사이에 만족도가 낮기 때문일 수도 있다. 의견조사회사(opinion research corporation)에 의한 세가지 연구는 엔진니어들과 참모진에 있는 과학자들은 라인에 있는 엔진니어와 과학자보다 만족도가 낮다는 것을 보고하였다.

제8장 학습과 리더십

제1절 학습의 기초이론

인간이 태어날 때 얻은 신체적 · 정신적 특성과 같은 생물학적 체질은 후에 학습경험에 의하여 수정되어서 조직구성원으로서 한 인간의 성격을 형성한다. 학습을 통한 경험은 개인의 행동을 변화시킨다. 즉 개인의 흥미, 태도, 관심, 동기부여, 신체적 · 본능적 욕구가 충족되어지는 방법 등이 학습에 의하여 영향을 받는다. 따라서 사고방식, 행동, 신념, 가치관 및 목표에 학습의 영향이 큰 결정인자로서 작용한다. J.R. Hicks는 개인을 복종형 · 지배형 · 순종형 · 자기주장형으로 나누고 이는 학습경험에 의하여 결정된다고 하였다(추헌, 1994:301-336; Duncan, 1981:116-123; 김호섭외 공저, 1999:35-85; 이창원외 공저, 1999:107-135; Don Hellriegel, John W. Slocum, Richard W. Woodman, 1988:141-168; Merle E. Meyer, 1979:290-326; 홍대식, 1995:291-330; 오세덕외 공저, 2000:338-357; 강봉규, 1995:50-94; 신용일, 1993:;241-246; 이관용 공역, 1995:152-182).

이와 같이 모든 인간은 각각 다른 유전질과 경험을 갖고 있으며 학습의 영향을 받아 서로 상이한 성격을 형성하여 이에 따라 행동 또한 천차만별로 나타난다. 따라서 상사는 부하들을 개인의 성격 특성에 따른 차별적 방법으로 다루어야 한다.

제2절 학습이론

1. 학습의 의의

개인의 행태는 고정되어 있는 것이 아니고 삶 속에서 수시로 변화한다. 사고와 행태는 학습과정을 거쳐 변화함으로 개인의 학습역량에 따라 개인마다 많은 차이를 가져올 수 있다. 사람들은 사회생활을 하면서 자신이 속해 있는 조직이나 사회가 요구하는 '바람직한 행동'이 어떤 것인가를 이해하고 그 필요성을 절감하게 된다. 즉 환경의 변화에 따라 자신을 적응시키며 발전해 간다. 일반적으로 학습이란 연습이나 경험의 결과로 발생하는 행위잠재력에서 비교적 지속적인 변화라 할 수 있다(김호섭, 1999: 56-85).

인간은 생물학적 체질과 학습경험을 통해서 성숙한 모습으로 변해 간다. 학습(learning)은 개인의 행동변화를 이끄는 경험(experience)을 통해서 지식을 습득하는 과정이라고 할 수 있으며, 이를 달리 표현하면, *L=F(E)*라고 할 수 있다. 이 정의에 따르면, 학습은 우선 경험이나 반복된 연습의 결과로 생긴 것이라야 한다. 따라서 개인의 가치관이나 신념 그리고 성격과 태도 등은 이러한 일련의 학습과정을 통하여 형성된다. 일반적으로 신체적 성장이나 정신적 성숙, 노쇠현상, 질병, 약품과 알코올 등에 의해 나타나는 행동변화는 학습으로 볼 수 없다.

인간이 태어날 때 얻는 신체적 · 정신적 특성과 같은 생물학적 체질은 후에 학습경험에 의하여 수정되어서 조직구성원으로서 한 인간의 성격을 형성한다. 학습을 통한 경험은 개인의 행동을 변화시킨다. 즉 개인의 흥미, 태도, 관심, 동기부여와 신체적 · 본능적 욕구가 충족되어지는 방법 등의 학습에 의하여 영향을 받는다. 따라서 사고방식, 행동, 신념, 가치관 및 목표에 학습의 영향이 큰 결정인자로서 작용한다. J.R. Hicks는 개인을 복종형 · 지배형 · 순종형 · 자기주장형으로 나누고 이는 학습경험에 의하여 결정된다고 하였다.

이와 같이 모든 인간은 각각 다른 유전질과 경험을 갖고 있으며 학습의 영향을 받아 서로 상이한 성격을 형성하여 이에 따라 행동 또한 천차만별로 나타난다. 따라서 부하들을 개인의 성격특성에 따른 차별적 방법으로 다루어야 한다.

학습(learning)이란 강화(reinforcement)된 연습이나 경험의 결과로 발생하는 행위잠재력에 있어서의 비교적 지속적인 변화라 할 수 있다. 여기에서 행위잠재력(behaviour potentiality)이란 다른 사람의 행동이나 환경에 대한 반응으로부터 학습한 것을 말한다. 예를 들어 한 소년이 자기 누이가 뜨거운 난로를 만져 손을 데는 것을 보고 이 고통은 뜨거운 난로를 만진 결과라고 학습하게 되는 것을 말한다. 즉 학습이란 경험의 결과를 통하여 이루어지는 비교적 영구적인 행동변화를 말한다.

개인의 행동은 고정되어 있지 않고 있으며 일상생활을 통하여서도 항상 변화해 나가고 있기 때문에 개인의 사고와 행동은 모두가 학습을 통하여 거쳐 나가고 있다고 볼 수 있다.

그럼으로 학습이란 경험의 결과로서 유발되는 비교적 지속적인 행동의 변화과정으로 정의할 수 있는데, 개인의 행동변화는 그가 가진 경험을 변화시켜야 하고 이러한 경험을 변화시키기 위해서는 연습의 강화인 학습이 필요하다. 학습의 주요요소를 요약하면 다음과 같다.

① 행동변화(behaviour change)

행동변화란 행동형성의 요인인 성격과 지각 그리고 동기와 태도 등의 변화를 말한다. 학습은 흔히 효율적 성과를 전제로 한 행동개선을 의미하기도 하지만, 반드시 긍정적 변화와 성과만을 말하는 것이 아니다. 부정적인 것도 포함하고 있다. 행동변화란 성격과 지각, 그리고 동기와 태도의 변화를 말한다. 학습은 긍정적인 변화와 성과만을 말하는 것이 아니라 나쁜 관습과 편견, 常同的 態度와 眩惑效果 등과 같은 바람직하지 못한 행동을 습득하는 것도 포함하고 있다.

② 영구적 변화

행동변화는 비교적 영속적 변화의 성격을 지니고 있어야 한다. 따라서 개인이 환경에 따라 이래저래 임시적으로 취하는 적응행동은 영속성이 없으므로 학습의 결과로 인한 행동변화로 보기 어렵다. 물론 학습이 비교적 지속적·영속적이라지만 잊어버리거나 없어질 수 있음은 물론이다. 행동의 변화는 비교적 영구적인 성격을 지니고 있어야 한다. 따라서 개인이 임시적으로 취하는 適應行動은 행동의 변화라 할지라도 학습의 결과로 보기는 어렵다.

③ 연습과 경험

학습은 신체적인 발육이나 본능적 행동과 같은 자연적인 성장이나 성숙, 사고나 약물복용 등으로 인한 일시적인 행동과는 구별되어야 한다. 따라서 학습은 자연발생적이거나 임시적인 행동변화와는 구별되며, 실제로 경험하고 이를 연습(experience and practice)하는 과정을 통해서 변화가 이루어지는 것을 말한다.

학습은 신체적인 발육이나 본능적 행동과 같은 자연적인 성숙, 또는 피로나 약물복용으로 인한 임시적인 행동과는 구별되어야 한다. 학습은 이와 같은 자연적인 행동변화나 임시적인 행동변화가 아니라 실제연습과 경험(practice and experience)에 의하여 변화가 이루어지는 것을 의미한다.

④ 강화작용

연습이나 경험이 영속적인 변화를 가져오기 위해서는 연습이나 경험을 반복하게 하는 강화가 필요하다. 이러한 강화가 없으면 새로운 행동변화는 오래가지 못하고 소거되고 만다. 연습이나 경험이 영구적인 변화를 가져 오려면 이와 같은 연습이나 경험을 되풀이시키는 강화(reinforcement)가 필요하다. 이러한 강화가 없으면 새로운 행동은 지속되지 못하고 소거되어 버린다. 학습은 강화된 연습이나 경험의 결과로 생기는 유기체의 행동 및 정신과정의 잠재력에서 비교적 영속적인 변화로 정의할 수 있다.

전이(transfer)란 어떤 선행학습이나 경험의 내용이 후행학습이나 경험에 영향을 미치는 것으로 후행학습에 도움을 주는 긍정적인 효과는 물론 후행학습에 혼란이나 방해를 일으키는 부정적인 효과, 또는 전혀 영향을 미치지 않는 경우 등을 포함한다.

2. 학습의 필요조건

학습에 영향을 미치는 조건은 여러 가지로 설명되고 있으나, 일반적으로 주체적 조건과 환경적 조건으로 나누고 있다. 학습자의 주체적 조건에는 생리적 요인과 심리적 요인이 있고, 환경적 조건에는 물리적 요인과 사회적 요인이 있다.

1) 생리적 요인

생리적 요인은 인간이 심신의 건강을 유지하고 성장과 발달을 조성하는 데 기본적인 조건으로, 학습활동을 원만히 수행하는 것뿐만 아니라 학습의 효과를 높이는 데 무엇보다 중요한 조건이 되고 있다. 몸이 아프든가, 피곤하든가, 허기진다든가 하면 수행하는 일에 의욕이 없어지고 학습능률이 저하된다. 그리고 신체적·생리적 기능의 장애 등은 지적 교육과 신진대사 기능을 저하시켜 학습활동 및 학습효과의 저해 요인이 된다. 그럼으로 정상적인 학습활동을 전개하기 위해서는 생리적 기능유지와 건강한 신체적 발육상태가 필수적이다.

2) 심리적 요인

심리적 요인이란 학습자의 지적 요인과 정의적·성격적 요인을 의미한다. 즉 학습자의 모든 학습능력, 정서적 상태 및 의지력, 심적 포만(학습활동을 하다가 싫증이 나서 학습을 더 이상 지속하기 어려운 상태, satiation), 태도, 학습 습관 및 방법, 동기유발, 성격, 적성, 경험 유무 등의 심리적 준비성 등을 의미한다. 학습능력은 학습을 능률적으로 진행하는 데 가장 중요한 요인의 하나이다. 정의적 조건에서 학습효과를 규정하는 중요한 요인에는 학습동기와 학습태도가 있다.

학습동기는 학습목표를 설정하게 하고 학습활동을 적극적으로 유발시키며 학습흥미를 갖게 하는 원동력이 된다. 그리고 학습태도는 특정한 대상에 대한 好惡, 가치 등 정의적 반응의 경향성으로 어떤 특정한 행동을 하게 하는 심리적 준비상태로서 학습의 효과를 규정하는 요인이다.

3) 물리적 요인

물리적 요인은 능력 발휘를 촉진시키거나 억제할 수도 있으며, 학습의욕을 높이기도 하고 저하시킬 수도 있으며, 정신적 피로와 신체적 피로를 증진시킬 수도 줄일 수도 있다. 그래서 학습자의 행동을 규정할 수도 있다. 물리적 요인들 중 대표적인 것을 예로 들면, 기후조건, 조명, 온도 및 습도, 소음 등을 들 수 있다.

4) 사회적 요인

사회적 요인에는 직접적 요인과 간접적 요인이 있다. 직접적 요인은 상사와 동료들 간의 관계로 인한 학습활동에 직접 도움이 되는 요인을 말하고, 간접적 요인은 부모를 위시한 가족과 지역사회의 문화적·경제적 조건 및 인적 자원을 들 수 있다. 특히 중요한 것은 동기화와 이해, 연습 등이다. 동기화는 행동의 활성요인으로 작용할 수도 있고, 이해는 학습자 자신이 해야할 내용과 방법을 아는 것이며, 반복적인 연습은 정신적·육체적 활동이 일정한 조건하에서 지속적인 행동이 이루어지기 위해서 필요하다.

3. 학습의 심리적 과정

학습이 이루어졌는지 알기 위해서는 우선 학습과정을 알아야 하고, 학습과정을 알려면 수행행동으로부터 추론해야 한다. 왜냐하면 우리가 학습하면서 우리 머리 속에 무슨 변화가 일어나는지 볼 수 없기 때문이다. 환경에 대한 반응상의 변화를 곧 학습이라 단정할 수 없으므로, 일어난 행동상의 수정에서 학습을 추론할 수밖에 없다(신용일, 1993). 동일한 환경조건이 모든 개인에게 같은 경험을 갖게 하는 것은 아니다. 개인에게 학습이 일어나느냐 일어나지 않느냐를 직접적으로 결정하는 요소는 경험이라는 매개변수라고 할 수 있다.

그러나 경험은 한 개인의 내부세계에서 나타나는 심리적 역동현상이어서 직접적인 관찰대상이 되지 못한다. 따라서 개인에게 학습이 일어났는지를 판단할 수 있는 단서는 관찰될 수 있는 행동상의 변화이다. 일반적으로 우리는 외면적으로 노출된 행동상의 변화를 학습발생을 알려 주는 신호 내지는 증거라고 본다. 따라서 학습이 얼마만큼 일어났는지를 직접적으로 알 수 없지만, 소용된 작업시간과 실적 등을 비교하는 학습곡선 등을 작성하여 행동변화를 측정해 보면 어느 정도의 학습이 있어났는지를 추론해 볼 수 있다.

4. 학습에 대한 이론적 관점

사람들의 행동이 경험에 의해서 어떻게 변화되는 가의 문제는 고대로부터 현대에 이르기까지 많은 사람들이 관심을 가지고 연구해 오고 있는 문제이다. 이런 연구는 대체적으로 두 가지 방향으로 접근해 왔다. 첫째는 행태주의자 학습이론이고, 둘째 인지적 학습이론이다. 행태주의자 학습이론은 학습을 어떤 자극으로부터 얻어지는 행동변화라고 보고 자극과 반응을 중요시한다. 따라서 이를 자극-반응이론아라고도 하며, 학습을 자극과 반응간의 연합(association)이라고 보기 때문에 연합이론이라고도 한다.

인지학습이론은 학습을 환경적 요소와 개인의 기대와의 복합적인 관계로 보고 주로 정신적인 내부 변화를 중요시함으로 정보처리이론이라고도 한다. 그럼으로 자극-반응을 중심으로 한 가시적인 행동변화를 중요시하는 것이 행태주의자 이론이라면, 인지적 이론은 인간의 내부에서 일어나는 정신적 변화를 중요시하는 이론이라 할 수 있다.

1) 행태주의자이론(자극-반응이론)

학습을 어떤 자극으로부터 행동을 유도해 내는 과정으로 보고 자극과 반응을 중심으로 행동변화를 설명한다. 이 이론에는 고전적 조건화(classical conditioning)와 조작적 조건화(operant conditioning)가 있는

데, 두 이론 다 조건화 혹은 조건형성의 개념을 통해 학습과정을 설명한다. 여기서 조건화란 자극과 반응의 연쇄과정을 통해 하나의 행동패턴을 발전시키는 것을 말한다. 따라서 학습이란 일정한 상황에 맞춰 구체적인 방식으로 행동하게끔 개인을 조건화하는 과정이라 할 수 있다.

(1) 고전적 조건화

고전적 조건화의 가장 대표적인 학자는 러시아의 심리학자이며 노벨상 수상자인 Ivan Pavlov(1849-1936)이다. 그래서 이를 파블로프의 조건화라고 부르기도 한다. 개를 이용한 그의 실험을 살펴보면 다음과 같다.

이 실험에서 종소리와 타액분비의 반사 사이에 새로운 결합이 이루어지는 데, 이 과정을 조건화라 한다. 타액(saliva)을 분비하게 하는 기능을 가진 음식물은 무조건 자극이고, 이 때 분비되는 침은 무조건 반응이다. 무조건 자극인 음식물을 통해 조건자극인 종소리를 타액분비라는 무조건 반응에 연결시킴으로서 학습 후 종소리만으로도 타액 분비를 일으키는 조건형성을 이루었다. 이 때의 타액분비는 조건화된 조건반응인 것이다. 이 조건형성의 실험결과는 행태주의에 의해 환영을 받았으며, 학습이론으로서 새롭게 발전되었다.

위 실험은 결국 경험에 의해 행동의 새로운 변화를 가져오게 한다는 점에서 행태주의 심리학자에 의해 그대로 학습현장에 응용되었다. 이런 조건화에 따라 나타나는 원리나 현상으로서 강화라는 것은 조건 자극에 대한 반응을 연합하게 하는 조작 또는 조건자극에 대한 반응의 확률을 증가시키는 모든 것을 말하며, 이 실험에서 음식물은 강화수단의 하나이다. 그리고 조건형성된 개에게 무조건 자극을 제시하지 않고 조건자극만을 반복해서 계속 제시하면 나중에는 조건반응이 없어지게 되는데, 이것을 소거(extinction)라 한다.

(2) 조작적 조건화

고전적 조건화이론이 자극에 의해 기계적으로 유발되는 '수동적인 반응행동'만을 설명해 주고 있다는 반성에서 조작적 조건화이론이 태동하게 되었다. 작동적 조건화이론을 조작적 혹은 도구적 조건화이론이라고도 하지만, 부정적 함의가 배제된 작동적 조건화이론이라고 부르기로 한다. 고전적 조건화이론은 앞서 설명한 대로 단순히 자극에 대한 조건적 반응을 중요시 하지만(파블로프의 실험에서 종소리는 보상이나 벌이 아닌, neutral한 자극이다), 작동적 조건화에서는 보상이나 벌 등의 요소가 자발적이고 능동적인 행동을 일으켜 의도하는 결과를 표출한다는 것이다.

이와 같이 작동적 조건화에는 보상이나 벌 등을 포함시켜 어떤 특정반응을 작동케 하는데, 이러한 보상이나 벌 등을 강화요인이라 한다. 이러한 작동적 조건화는 조직생활에서도 그 예를 찾아 볼 수 있다. 한 조직에서 상사의 지시를 받고 열심히 업무를 수행하면 상사로부터 좋은 평가를 받는다. 이 때 칭찬이나 보상(강화요인)을 받게 되면 만족감을 느끼게 되고, 이는 학습의 목적인 작동적 행동, 즉 열심히 일하는 행동을 유발하는데 결정적인 역할을 하게 된다. 다시 말해서 사람들은 어떤 행동이 보상을 받게 될 때 그 행동을 되풀이할 것이고, 또한 어떤 행동이 보상되지 않거나 처벌받게 될 때, 일반적으로 말해서 그 행동을 반복하지 않을 것이다. 이상과 같은 작동적 조건화를 이용하여 인간행동의 변화를 의도적으로 유도하는 것을 행동수정이라고 말한다.

2) 인지학습이론

사람들의 학습된 행동 중 일부는 행태주의자(자극-반응)이론으로 설명이 가능하지만 그 이론으로 설명이 불가능한 복잡한 문제도 있는데, 이 경우 인지학습이론으로 설명할 수 있다.

인지학습이론은 학습을 환경적 요소와 기대와의 복합적인 관계로 보고 자극과 반응뿐만 아니라 개인의 기억, 목적, 기대감 등도 포함하여 개인의 변화를 설명하고 있다. 이 이론은 E.C. Tolman((1932)이 처음 제기하였는데, 그는 조건화이론의 한계를 비판하면서 학습은 환경의 인지적 단서와 기대의 관계에 의해 이루어진다고 주장하였다.

이러한 실험이 행태주의자들로부터 비판을 받기도 했지만, 톨먼의 인지론은 학습이론의 발전에 많은 영향을 미쳤다. 즉 흰쥐가 복잡한 미로 속에서도 먹이를 얻으려는 기대 때문에 먹이와 연결된 통로를 찾아 낸다는 사실을 밝혀 내었으며, 단순한 자극-반응의 조건화 개념에서 벗어나 인지를 자극과 행동사이의 중계역할을 하는 것으로 인식시켰다. 톨먼의 인지적 학습이론은 사회적 학습이론의 발전에도 커다란 역할을 하였으며, 인간관계 운동에도 커다란 영향을 미쳤다. 또한 이 이론은 그 후 동기부여이론의 토대가 되었다.

3) 사회학습이론

행태주의적 이론과 인지적 학습이론의 요소를 모두 포함하고 있는 복합적 이론이 사회학습이론이다. 사회학습이론이란 관찰과 직접 경험에 의해 학습이 이루어지는 과정으로, 사회적 학습은 먼저 다른 사람의 행동과 그에 따른 결과를 관찰하게 된다. 그 후 관찰자는 습득된 다른 사람의 행동방법을 실행하여 그 결과가 자기에게 호의적이면 그 행동을 반복하고, 불쾌하거나 불편한 결과를 얻게 되면 그와 다른 행동을 취하려 할 것이다. 이처럼 사회학습이론은 행태주의적 관점과 인지론적 관점 두 가지를 모두 포함하고 있다.

사회적 학습과정을 요약하면 다음과 같다(Bandura, 1977).

첫째, 관찰대상에 대한 주의(attention)로서 인간은 중요한 특징을 지닌 대상을 관찰하고 그것에 주의를 기울이게 된다. 즉 매력적이거나 자기와 매우 비슷해 보이거나 중요하다고 생각되는 대상에 대한 주의를 집중하게 된다.

둘째, 주의집중 대상의 행동을 기억(retention)하게 되며, 관찰대상의 영향력은 개인이 관찰대상의 행동을 어느 정도 기억하고 있는가에 따라 결정된다.

셋째, 관찰된 새로운 행동을 실제 행동으로 직접 옮기는 과정이 재생(reproduction)이다. 즉 개인들은 관찰한 행동을 모방하고 그것을 재생하여 실행에 옮기도록 한다.

넷째, 실제로 행동한 후 그 행동에 대해 보상이 주어지면 그 행동을 계속하여 반복하고자 할 것이며 이를 강화(reinforcement)라고 한다. 즉 학습한 행동에 대하여 적절한 보상이 제공될 경우에 동기유발이 되어 그러한 학습된 행동을 반복하게 될 것이다. 이 이론은 교육훈련에 많이 적용되기도 한다.

4) 학습패턴

학습과정은 학습내용과 환경상황에 따라서 모두 다르지만, 효과발생시에 일반적으로 공통된 패턴을 보이고 있다. 학습패턴은 적응, 가속, 고원모양(plateau), 회복, 정착 등 다섯 단계로 형성되어 있다(Strauss & Saylkesm).

초기단계는 학습의 필요성을 인식하고 학습환경에 익숙해지는 적응단계로서 새로운 변화에 대한 물리적인 환경적응은 물론 심리적 저항을 극복하는 것이 이 단계에서의 가장 중요한 과제이다. 따라서 이 단계에서는 관리자의 역할이 특히 중요하다. 학습에 대한 필요성이 인식되고 학습환경에도 익숙해지면 학습효과가 나타나기 시작하고, 강화작용을 통하여 학습결과에 만족을 느끼게 되면 동기유발도 가중되어 학습효과의 가속 단계로 접어들게 된다.

그러나 학습과정은 어느 시점에 가서 고원모양 단계에 도달하게 된다. 이것은 학습방법 등 기존 학습환경의 효율성에 한계가 나타나게 되고 동기도 소진되어 버리기 때문이다. 따라서 새로운 학습방법과 환경을 모색할 필요성이 생기게 된다. 새로운 학습방법이 모색되고 이에 따른 새로운 학습동기도 유발됨에 따라서 학습효과는 재생되어 회복단계로 들어가서 학습효과의 정상에 도달하게 된다.

학습효과 패턴의 마지막 단계는 학습결과를 수 없이 되풀이해서 새로운 기술이나 행동을 자극-반응-학습이론에 의해 작동적 조건반응행동으로 정착시키는 단계이다. 학습패턴은 학습여건에 따라서 그 적용성이 모두 다르겠지만, 이러한 일반적인 패턴을 잘 인식하고 이해함으로서 학습환경에 대한 적절한 적응은 물론 학습여건도 잘 조성하여 학습효과를 극대화시킬 수 있다.

제9장 조직변화과 리더십

제1절 조직변화의 의의

제3의 물결인 정보화 사회가 고도화됨에 따른 현대산업조직은 국내외적 환경변화에 따른 불확실성·격변의 상황 아래서 미래를 예측하기 어려운 '視界의 零'의 시대에 직면하고 있는 것이다. 모든 조직은 하나의 시스템으로서 환경과의 끊임없는 투입과 산출을 교환하며 생존해 가고 있으며 이러한 환경변화에 적절히 대응하지 못하면 그 조직은 생존할 수 없다(추헌, 1994:819-894; Daniel Robey, 1982:253-486; 오석홍, 2006:871-880; 박연호외 공저, 2002:399-427; 김호섭외 공저, 1999:446-498; 김원경, 1995:317-320; 이창원외 공저, 1999:561-588; Don Hellriegel, John W. Slocum, Richard W. Woodman, 1988:544-641; Stephen P. Robbins, 1983:264-286; Duncan, 1981:325-346; 정인흥외 공저, 2002:335-337; 오세덕외 공저, 2000:311-337; 박용치외 공저, 2006:328-342; 권기성·백철현, 1999:619-636; 하상군, 2005:371-388; 권기성·최진석 공편저, 2000:351-372; 유종해외 공저, 2000:268-270; 박수영외 공저, 2005;295-312; 김규정, 2002:295-312).

따라서 기업이 환경변화에 생존하려면 전략적인 조직개발을 하지 않으면 안 된다. 여기에서 전략적이라 함은 조직의 전략적인 경영을 의미한다. 전략적 경영이란 하나의 유기체로서의 조직이 주어진 환경변화에 적응하거나 환경자체를 창출함으로서 상대적인 경쟁력을 확보하려는 미래지향적인 동태적 행동체계를 말한다. 다시 말해서 전략적 경영은 기업의 구조와 과정의 조화를 유지하면서 환경변화에 탄력적으로 대응하여 기업의 비전을 효과적으로 달성함에 있어서 경쟁우위적인 전략을 수립하고 집행해 나가는 경영체계를 말한다.

조직변화에는 단순한 체제의 순환적 변화도 있고, 체제내의 부분적 변화도 있으며, 체제자체의 질적 변화도 있다. 그런데 여기서 다루고자 하는 조직변화는 계획적 변화(planned change)를 말한다. 계획적 조직변화란 조직이 현재 있는 상태보다 더 나은 생태가 되도록 의도적인 변화를 유인하고 촉진하는 과정을 말하며, 장기적으로 볼 때 조직체제의 질적 변화를 이끌어 가는 과정이다. 다시 말해서 조직체제의 구조유지적(morphostatic) 범위를 넘어서 구조발생적(morphogenetic)으로 조직체제의 새로운 균형을 실현하려는 데 있다.

조직의 계획적 변화는 단기적인 비전을 가지고 조직을 재편성하는 위기극복의 수단으로 이용될 수도 있으나, 궁극적으로는 장기적인 비전하에 조직을 재구성하는 발전지향적 성격을 가져야 한다.

조직의 계획적 변화를 위한 대상은 무엇인가? 그것은 조직을 구성하는 변수로 보아도 좋다. H.J. Leavitt(1964: 56)는 그 변수로서 ① 구조(의사전달, 권위와 역할, 작업흐름의 체제), ② 과업(재화와 서비스의 생산), ③ 기술(직접적인 문제해결을 위한 발명), ④ 인간(조직의 구성원으로서의 행위자) 등 4가지를 제시하였다. 조직에 변화를 일으키는 일은 이들 변수 중의 어느 하나 혹은 전부가 그 대상이 될 수 있다.

이들 중 조직구조나 과업관리의 방법이나 기술을 주로 변화대상으로 삼고 변화에 접근하는 구조적 · 과정적 접근방법이라 하며, 인간(행위자)의 가치관이나 행동 등을 대상으로 삼고 변화를 추진하는 것을 인간행동적 접근방법이라 한다.

조직변화의 접근방법에는 위와 같은 모든 것이 다 포함되지만 조직발전은 특히 인간적 접근방법에 초점을 둔다. 예컨대 H.M. Sapolsky(1967: 497-510)는 계획적 조직변화란 "조직내의 개인이나 집단의 행동을 관리자가 바라는 방향으로 어느 정도 변경시키려는 모든 프로그램"이라고 정의하고 있는데 이것은 분명히 인간행동적 접근방법에 의한 조직변화의 노력이며, 오늘날 조직발전(organization development)을 의미한다.

조직변화의 의도적인 목적은 환경변화에 대한 조직의 적응력의 증대, 적절한 분화와 통합구조의 합리화, 조직 속의 개인과 집단의 가치관 및 행동의 갱신과 그들의 만족감을 통한 동기부여의 향상이며, 궁극적으로 조직의 효과성과 건강을 증진시키는 데 있다.

제2절 조직변화의 대상

기업을 둘러싸고 있는 환경은 일반적으로 사회적 환경(social environment)과 과업환경(task environment)으로 구분한다. 사회적 환경이란 거시적 환경으로서 정치적 · 경제적 · 사회문화적 및 기술적 환경을 포함한 개념으로 이해할 수 있으며, 과업환경이란 미시적 환경으로서 공급업자, 주주, 고객, 정부, 채권자, 종업원, 노동조합 등을 말한다. 결국 조직은 이와 같은 구체적인 환경과 끊임없는 사회작용의 결과로 생존한다고 볼 수 있다. 그러면 이와 같은 환경변화를 가져오는 구체적인 요인은 무엇인가? 이에 대해 우리는 다음과 같은 몇 가지 요인을 제시함으로서 그 해답을 찾을 수 있다.

1. 환경

조직의 변화는 환경변화에 의해서 유인되고, 자극을 받게 됨으로 조직의 변화에 대한 설명을 위해서는 환경에 관해서 언급하는 것이 당연하다. 조직이란 물질 · 에너지 · 정보의 투입과 산출을 통하여 환경과 부단한 상호의존과 상호작용을 하는 개방체제이기 때문에 조직변화에 자극을 주는 근원으로서 먼저 환경을 말하지 않을 수 없는 것이다.

환경은 조직에 물자·에너지·정보를 투입하고 조직으로부터 나오는 산물과 서비스를 받는다. 따라서 투입과 산출에 대한 환경측의 요구와 기대가 변화하는 경우는 조직변화의 중요한 자극적 근원이 된다. 조직이 환경과의 상호의존성이 높으면 높을수록 환경의 변화에 따른 조직의 변화요구는 높아지는 것이다.

2. 목표와 가치

사회체제의 하위체제인 조직의 목표와 가치는 사회체제의 목표와 가치에 따라 변할 수 있으며, 때로는 조직체가 의도적으로 선택하는 새로운 목표와 가치에 의해 조직변화가 유도된다.

3. 기술

기술은 조직체제에 들어가는 투입은 물론 그 전환과정의 형태와 조직에서 나오는 산출의 형태와 특징에 영향을 미친다. 오늘날 기계화·자동화·컴퓨터화 등의 기술의 발전은 위와 같은 조직구조나 과정의 변화에 중요한 영향을 미치고 있는 것이다. 조직이 불확실하고 동적인 환경에 대응하려고 시도하는 경우 기술공학적 방법에 많이 의존한다. 예를 들면 Delphi방법에 의한 미래의 과학적·기술적 진보에 관한 예측에 의하면 과학기술의 변화가 조직변화에 영향을 미친다는 사실을 지적하고 있다.

4. 구조

구조란 조직의 과업이 분화되고 조정되는, 즉 분화와 통합의 체제를 의미한다. 공식적인 의미에서 보면 구조란 기구도표와 직위 및 직무기술, 규칙과 절차에 의해서 정해지며, 그것은 권위의 유형·의사전달 및 업무의 흐름과 관련된다. 조직구조는 환경·기술·가치 등의 요인들에 의해서 변화되며 구조의 변화는 그 하부구조의 변화를 수반한다.

5. 사회심리

조직목표달성의 성패는 인간의 심리적·사회적 요인을 포함한 잠재적인 인간능력에 의존한다. 그럼으로 개인 및 집단의 사기와 동기의 변화는 조직에 중요한 영향을 미친다. 집단역학(group dynamics)은 조직의 업적을 향상시킬 수도 있고 떨어뜨릴 수도 있으며, 관리자의 능력은 행동에 영향을 미치는 중요한 요인이다. 사회심리적 체제는 변화를 이행하는데 있어서 결정적인 역할을 수행한다. 가령 어떤 기술적인 변화가 조직에 요구되는 경우 그에 대한 기대가 없다면 제로가 되거나 부정적일 수 있다.

6. 관리자

관리자의 역할에는 조직의 안정성과 계속성·적응과 쇄신에 대한 요구간의 동적 균형을 유지하는 것이 포함된다. 대부분의 관리자는 외적 환경과 조직의 관리과정에 영향을 미치는 내적인 하위체제 내에서 생기는 가속적인 변화에 직면한다. 가속적인 변화는 복잡성의 증가를 초래하며 관리자의 업무를 더욱 어렵게 한다. 이러한 가운데서 관리자는 조직활동을 계획하고 통제하며 계속적으로 상황을 진단하고 만연성을 평가하는 일에 관여해야 한다.

관리자는 조직변화에 있어서 중추적 인물이다. 그가 조직활동에 중심적으로 관여하든 단순한 지도나 조정활동에만 관여하든, 그는 궁극적인 변화담당자이다. 변화는 관리자의 행동상의 조절(리더십 · 계획 및 통제, 의사결정에의 참여 등)로부터 발생할 수 있다. 그는 다른 사람의 암시에 반응을 나타낼 수 있고, 혹은 그 초점이 보다 기술적이고 구조적이며, 사회심리적인 경우는 능동적으로 변화를 선동하며 또한 변화를 촉진하기 위하여 조직 내외의 상담자를 이용할 수도 있다.

7. 조직구성원

조직구성원도 변화를 유인하는 근원이 된다. 즉 그들의 교육수준, 가치관, 수(규모) 및 성원의 교체는 그 조직의 문화와 규모, 그리고 구조의 변화를 수반할 것이다.

제3절 조직변화의 과정

조직변화의 과정은 변화를 담당하는 사람(change agent), 변화대상자 및 변화와 관련된 환경에 따라 특정화할 수 있다(박연호외 공저, 2002:414-427).

K. Lewin은 조직의 변화과정을 성공적으로 이끌어 가기 위해서는 ① 필요한 경우 현재의 조직상태를 해빙하는 과정, ② 새로운 상태(수준)로 변화시키는 과정, ③ 새로운 상태를 동결시키는 과정을 거쳐야 한다고 지적하였다. K. Lewin이 정립한 조직변화과정론은 여러 계승자들에 의해서 더욱 더 보완되고, 세련된 방법으로 설명되고

있다. 그 하나는 E.H. Schein의 과정론이다. 그는 조직변화과정을 ① 해빙(unfreezing), ② 변화(changing), ③ 재동결(refreezing)로 설명한다. 또 하나는 R.Lippitt등이 제시한 것으로 이들은 다섯 과정을 열거하고 있다. 즉 ① 변화에 대한 욕구의 개발(해빙), ② 변화관련자들과의 관계의 형성, ③ 변화의 추진(변화), ④ 변화의 일반화와 안정(재동결), ⑤ 종국적인 관계의 성립 등이다.

효율적인 조직변화는 갑자기 일어나는 것이 아니고, 단계적으로 일어난다. 조직변화를 개발하고 수행하는 과정에는 다음과 같이 주요한 6단계를 거친다.

1. 변화에 대한 압력의 인식

대부분의 조직변화는 조직의 내적·외적 환경에 대한 압력의 예고 또는 반응에 따라 수행된다. 조직변화에 대한 압력요인으로 G.Moorhead와 R.W. Griffin(1992: 668)은 인간·기술·정보처리와 의사전달·경쟁의 변화를 들고 있다. 조직외적인 기술혁신적인 입장을 강화하기 위하여 지속적인 변화를 강요하고 있다. 조직내부의 갈등으로 반목·위화감이 발생하고, 종업원의 사직, 해임 등 이러한 압력은 조직성장에 따른 필연적 현상들로서 이러한 종류의 압력은 조직에서 구조·기술·과업과 인간을 변화시키게 만든다. 조직이 안고 있는 문제가 무엇인가, 즉 어떤 고정된 사상, 태도, 가치관 및 신념이 조직을 지배하며 그것이 어떤 문제점을 일으키는가, 그리고 왜 그것들이 변화되어야만 하는가에 대하여 생각하는 것이다. 이러한 새로운 생각과 욕구가 이해되고, 수용됨으로서 조직개혁을 시도할 분위기를 마련하는 것이다.

2. 변화에 대한 필요성 인식

변화과정의 두 번째 단계는 변화에 대한 경영자의 인식과 변화에 대한 그 필요성의 수용태도이다. K. Lewin(1947)은 이를 해빙단계(unfreezing stage)라고 불렀다. 그는 긴박한 문제나 도발적인 사태의 발생, 즉 해빙단계의 변화가 발생하기 전에, 새로운 해결안을 탐색하고 변화에 대한 필요성을 조직구성원들에게 인식시키는 것이 필수요건이라고 강조하고 있다.

이러한 관점에 대해 R.J. House(1967: 59)는 변화와 개발에 대한 실행적 접근방안을 주장했다. 그의 주요논점은 종업원은 그들이 변화와 개발을 스스로 받아들이기 전에 최고경영자들이 먼저 변화의지를 가짐으로서 조업원은 더욱 확신을 가지게 된다고 주장하고 있다.

3. 문제의 진단

진단단계에서는 문제에 대한 근본적 원인을 분석·확인하여 적절한 변화를 계획하고 수행할 수 있도록 한다.

이 단계에서 사용되는 대표적인 진단방법은 다양하며 면접법·설문지법·관찰법·이차자료이용법(secondary data measure) 등이 이용되고 있다.

4. 변화에 대한 계획

조직변화와 조직개발과정의 4번째 단계는 변화에 대한 계획을 수립하는 단계이다. 그것은 즉 무엇을(what), 언제(when) 그리고 어떻게(how)변화시킬 것인가에 대한 해결책과 관련된다.

변화대상에 대하여 H.J. Leavit(1964)는 모든 조직변화를 구조·과업·기술·인간의 변화로서 구분하고 있다. 구조를 변화시키는 것은 부문의 재조직화, 통제폭의 재설계 또는 분권화를 포함한다. 기술을 변화시키는 것은 새로운 생산라인의 설치, 새로운 재고관리체제의 도입, 새로운 종업원 선발절차의 제도화 등을 포함한다. G. Moorhead와 R.W. Griffin(1992: 668)은 변화에 대한 최상의 관리방법을 교육훈련과 의사전달, 참여와 직무몰입, 촉진과 지원협상과 동의, 조절과 임명, 억압 등의 방법이 있다고 말하고 있다. 경영자는 또한 조직 내의 인간을 변화시켜야 한다. 예를 들면 교육훈련, 대면회합 자기개발방안 등을 이용한다. 또한 이 단계에서 어떻게 변화시켜야 할 것인가에 관한 결정은 특수한 개발기법의 이용가능성과 언제 변화를 시킬 것인지 그 시기에 관한 일정을 고려해야 한다.

5. 변화의 수행

변화수행의 단계에서 조직 내에 있는 구조·과업·기술·인간을 재조직화하거나 훈련계획과 조직구성원의 저항을 수반하는데 이러한 저항의 종류에는 태업, 작업으로부터 이탈, 이유없는 불평불만, 그리고 생산성의 감소와 같은 형태의 저항 등이 정기적으로 나타나게 된다거나, 생산지연작전과 같이 저항이 뚜렷한 것도 있고, 아프다는 핑계로 작업에 참여하지 않는 것과 같은 음성적인 저항도 있다.

① 변화에 대한 저항의 극복 : 변화에 대한 종업원의 저항을 극복하는 것은 중요한 문제이다. P.R. Lawrence(1976: 634-651)는 종업원의 저항이 흔히 변화를 위축시키지만 반드시 저항이 발생하는 것만은 아니며 변화에 따른 저항의 수반에 대해 지나치게 의식할 필요

는 없다고 주장하면서 만약 적절히 조절할 수만 있다면 저항을 적게 하거나 아주 없앨 수도 있다고 주장했다. 그는 종업원이 저항하는 것은 변화에 대한 기술적인 측면뿐만 아니라, 변화의 사회적인 결과, 즉 기술적인 변화에 일반적으로 수반하는 그들의 인간관계적인 변화 때문이라고 믿었다. 예를 들면 종업원은 그들 자신이 변화로 인해서 책임이 감소되는 것으로 지각될 수도 있기 때문에 낮은 지위나 직무의 안전을 추구할지도 모른다.

② 참여를 통한 저항의 극복 : P.R. Lawrence(1976: 634-651)는 변화를 수행·개발하는 데 있어 종업원의 참여를 허용함으로서 변화에 대한 종업원의 저항을 줄일 수 있다고 말했고, L. Coch와 J.R. French(1948:931-932)는 의복공장에서의 연구를 통해 이를 지지하였다. 연구자들은 필수적인 변화과정을 계획하고 수행하는 데 종업원들의 태도를 변화시키는 것은 변화에 대한 종업원들의 수용자세에 중요하게 적용될 것이라는 가정을 세웠다.

③ 저항을 극복하는 다른 기법 : J.K. Kotter와 L.A. Schlesinger는 종업원 참여가 변화에 대한 수용을 얻게 하고, 특히 이는 경영층이 변화에 대한 설계를 하는데 필요한 정보를 가지고 있지 못하나, 종업원들이 저항할 수 있는 막강한 힘을 가지고 있는 경우에 있어 수용도가 높다는 데에 의견의 일치를 보이고 있다.

6. 변화에 대한 사후검사

다음단계는 변화에 대한 사후효과를 평가한다. 이것은 성과·태도의 향상과 같은 면에서 목표가 설정되어야만 하고, 변화 자체가 계속적인 개선을 이룩할 수 있는 정도가 평가될 수 있다는 점을 의미한다.

제4절 조직변화의 전략

H.J. Leavitt는 조직문제를 해결하는 데 있어 경영자는 다양한 변화전략을 추구해야 한다고 말하고 있다. 도전적인 조직풍토조성을 위한 조직변화전략이야말로 경영층이 수행해야 할 최우선 과제이며 무엇보다 먼저 조직에 있는 인간의 태도나 기능 · 구조 · 과업 · 기술 등을 변화시켜야 한다.

1. 구조변화에 의한 조직변화

재조직화는 조직구조의 재설계를 의미하는데, 즉 이러한 조직변화의 대상이야말로 바로 부문화 · 조정 · 통제의 폭의 변화나 조직내의 의사결정의 집권화 등을 포함한다.

2. 직무재설계에 의한 조직변화

종업원의 직무를 재설계하는 것도 조직변화에 있어 또 한 방법이다. 이러한 것의 대표적인 예는 F.W. Taylor와 그의 동료들에 의해 제안된 형태이다. 그들은 고도로 전문화되고 일상적인 직무를 창의적으로 개선하기 위하여 과학적인 측정방법을 수반할 생산공학적 신기법을 개발했다.

3. 기술변화에 의한 조직변화

기술적 변화는 과업을 성취하기 위해 조직에서 이용되고 있는 작업방법의 변화를 말한다. 그들은 신생산기술, 생산공정의 신기법채

택 및 수정과 신업적평가방법(MBO을 포함)의 도입을 포함한다. 그러나 아마도 현재 대부분의 조직들이 직면한 가장 대표적인 기술변화는 인간에 의해 수행되는 직무를 컴퓨터시스템에 의하여 대체되는 컴퓨터기술혁신을 들 수 있다.

사실상 컴퓨터화는 조직과 종업원들에게 심각한 영향을 가져다주었다. 예를 들면 구조적으로 컴퓨터는 상대적으로 보다 기계중심적인 조직으로 만드는 경향이 있고, 부문이 경직화되기 때문에 통제의 폭이 축소되고, 부문조직이 기능적 조직부문화로 대체되고, 결국 통제가 보다 중앙집중화된다. 일반 사무적인 수준에서 컴퓨터화는 작업자가 상호작용이 줄어들고 분담하지도 않은 직무의 한계가 더욱 명확히 구분되는 순환적인 직무를 컴퓨터가 대신 수행하는 결과를 초래하게 될 것이다.

4. 인간변화에 의한 조직변화

조직에서 인간을 변화시키는 데 이용될 수 있는 기법은 다양하지만, R.J. House는 이용되어지는 변화기법이 상황에 적합하여야 하며, 또한 기법의 개발이 성공적으로 이루어지려면 그 조직변화 참가자의 욕구와 학습능력뿐만 아니라 관리상 조직의 특정한 요구와 실행에 적합하여야 한다고 지적하고 있다.

이와 유사하게 R. Harrison(1970: 181-202)은 자기개발방안으로서 종업원이 개발시켜야 할 사적·개인적·잠재적 주제나 수행과정에 치중하여 정서적으로 직무몰입시킬 수 있는 다양한 차원의 방안이 강구되어야 한다고 강조하고, 강의나 회의방식 또는 경영게임 등과 같은 表面介入(surface intervention)이 신입사원이나 기존종업원의 기능개발과 욕구를 충족시켜 더욱 적합한 직무를 수행하도록 하는 최적방법이라고 말하고, 이러한 기법은 기계적 또는 유기적 상황에서 모두 활용할 수 있다고 주장하고 있다.

한편, R. Harrison은 감수성훈련과 같은 심층적인 조직개발개입은 상황의 급속한 변화에 적응하기 위한 유기적 조직에 더 적합하다고 말하고 있다.

이러한 조직개발기법들은 보다 개방적이고, 지원적이며, 유기적인 조직의 형태를 개발하기 위하여 참가자의 행위 · 태도 · 가치 등을 변화시키는 것을 목표로 하고 있다.

제10장 조직개발과 리더십

제1절 조직개발의 의의

조직개발(organization development)이란 조직구성원들의 가치·태도·신념 등을 변화시킴으로서 장기적으로 조직풍토의 쇄신을 통하여 조직의 효과성을 높이려는 노력을 말한다. 즉 조직내 개인의 발전은 곧 조직의 발전을 가져온다고 하는 인적 자원관리로서 인간행동에 관한 기본지식을 바탕으로 개인의 목표와 조직의 목표가 일치되게끔 인간중심적인 관리방식을 행하는 것을 말한다(오석홍, 2006:871-880; 김호섭외 공저, 1999:466-498; 김원경, 1995:317-347; 이창원외 공저, 1999:561-588; 추헌, 1994:819-894; Daniel Robey, 1982:253-415; Herbert G. Heneman III, Donald P. Schwab, John A. Fossum, Lee D. Dyer, 1980:329-366; Paul Hersey & Ken Blanchard, 1982:290-293; James L. Bowditch & Anthony F.. Buono, 1985:175-195; W. Jack, Duncan, 1981:377-403; 김규정, 2002:418-424; 정인홍외 공저, 2002:338-343; 위계점외 공저, 2003:419-421; 권기성·백철현, 1999:626-635; 하상군, 2005:371-388; 오세덕, 2000:311-397; 백완기, 1984:255-263; 한영춘외 공저, 1988:477-487; 박수영외 공저, 2005:2295-312; 유종해외 공저, 2000:268-270; 박용치외 공저, 2006:333-337).

R. Beckhard(1969: 9)는 조직개발이란 행동과학의 지식을 이용하여, 조직의 과정에 의도적인 개입을 통하여, 조직의 효과성과 건강도를 증진시키려고 하는 계획적이고, 전체적이고, 최고경영층에 의해 주도되는 노력이라고 정의하고 있다. W. Bennis(1969: 2)는 조직

개발을 변화에 대한 반응으로서 새롭고 급격히 변화하는 기술·시장·도전 그리고 변화 그 자체에 잘 적응할 수 있도록 조직의 태도·가치·신념·구조를 변화시키도록 고안된 복합적인 교육전략이라고 정의하고 있다.

제2절 조직개발의 과정

조직개발의 구체적인 추진과정 및 방법은 대상조직(client organization)의 조건과 문제의 성격에 따라 상황적응력으로 결정하여야 한다. 일반적으로 조직개발 전문가들은 구체적인 대상조직에 적합한 진단·처방·실행의 과정을 밟아 조직개발을 추진한다.

1. 제1단계 : 진단

이 단계는 조직개발의 필요성과 조직의 상태를 파악하는 단계로서 조직의 상태를 정확히 진단하기 위해서는 두 가지 측면, 즉 ① 대상조직의 기본속성과 ② 그 조직의 현재상태에 관한 정보를 충분히 가져야 한다. 일반적으로 조사대상요소로서는 조직풍토와 조직과정의 문제가 중심이 되고 있다. 조사방법으로는 ① 자료에 의한 사전조사, ② 현장 및 관찰조사, ③ 관계자와의 면접조사 및 질문지에 의한 앙케이트 조사 등이 있다.

2. 제2단계 : 전략계획의 수립

이 단계는 조직개발의 실시대상, 실시순서, 매개활동의 내용 등 조직개발활동발전을 위한 계획수립단계이다. R. Beckhard에 의하면 조직개발의 전략목표는 ① 팀효율의 향상, ② 부문간 관계의 개선, ③ 목표설정 및 계획수립방법의 개선, ④ 각 구성원의 지식·기술 및 능력개발을 목적으로 하는 교육훈련과정에 두어진다고 한다.

3. 제3단계 : 교육

이 단계에서는 조직개발활동의 원활한 수행을 위한 분위기 조성단계로서 행동지향적이라기보다는 조직개발전문가들의 지도에 의한 교육활동단계이다.

4. 제4단계 : 상담 및 훈련

이는 전체조직 또는 하위조직들이 안고 있는 기존의 문제나 새로운 문제들을 해결해 나가는 데 직접·간접으로 기여할 수 있도록 교정적 행동(corrective actions)을 취하는 단계로서, 조직개발기법들을 통하여 변화담당자(change agent)가 직접적으로 문제해결에 임하든가, 아니면 대상조직 스스로가 문제해결을 할 수 있도록 조력을 해주는 것을 말한다.

5. 제5단계 : 평가단계

이는 조직개발프로그램의 효과를 분석·평가하는 것으로서 자료의 수집·분석·평가를 통해 다음의 조직개발프로그램이 더욱 합리적인 것으로 되도록 하기 위한 환류를 말한다.

제11장 조직문화와 리더십

제1절 조직문화의 의의

조직들은 저마다 고유한 조직문화를 가지고 있다. 이러한 문화는 구성원들의 행태와 조직의 각종 활동은 물론 외부에도 크고 작은 유무형의 영향을 끼치고 있다. 특히 오늘날 같이 조직환경이 복잡하고 변동이 극심한 상황하에서는 어떠한 내용의 조직문화를 개발 유지하고 있느냐에 따라 조직의 효과성이 좌우된다는 인식이 있기에 최근에 들어 이에 대한 학문적 관심이 꾸준히 증대되고 있다 (Stephen L. Fink, R. Stephen Jenks, Robin D. Willits, 1983:91-112; 김호섭외 공저, 1999:375-413; W. Jack, Duncan, 1982:422-447; 이창원외 공저, 1999:422-447; 추헌, 1994:895-976; James L. Bowditch & Anthony F. Buono, 1985:155-158; Don Hellriegel, John W. Slocum, Richard W. Woodman, 1988: 338-359; 오석홍, 2006:162-169; John M. Pfiffner & Frank P. Scherwood, 1960:249-272; 김규정, 2002:;276-280; 백완기, 1984:153-168; 유훈, 2000:477-488; 정인흥외 공저, 2002:141-145; 박용치외 공저, 2006:252-258; 박수영외 공저, 2005:231-233; 오세덕외 공저, 2000:401-434; 유종해외 공저, 2000:271-274).

W.B. Tunstall(1983: 15)은 조직문화란 각 조직에만 있는 독특한 신념 · 원칙 · 관습 · 가치체계 · 행동규범 및 사업을 하는 방법 등의 집합이라고 하였고, 加護野忠南은 조직체의 구성원에게 공유되어 있는 가치 · 규범 · 신념으로 조직문화를 정의하고 있다.

E.H. Schein은 조직문화란 특정조직이 외부환경에 적응하고 내부통합을 이루고자 할 때 적용되는 기본전제로서, 이는 그 동안 구성원들이 직면한 문제들의 대부분을 성공적으로 해결하여 주었기에 기존의 구성원들이 자연스럽게 받아들이고 있으며, 새로운 구성원들에게도 그런 유형의 문제들에 부딪칠 때 동일한 방식으로 인지하고, 해결하도록 학습시켜 오는 것이라고 하였다. 조직문화란 특정조직의 구성원들에 의해 지배적으로 공유하고 있는 가치관, 신념, 이념과 관습, 규범과 전통 그리고 기술 등을 포함한 복합적인 개념으로서 조직 전체와 구성원의 각종 행위에 직접적 · 지속적으로 영향을 주는 기본전제이다(김호섭외 공저, 1999:385-413).

제2절 조직문화의 기능

첫째, 조직문화는 조직환경에 대한 기본적 이해와 당면문제에 대한 효율적인 해결방안 마련에 지침을 제공한다. 바꾸어 말하면 효과적인 조직문제해결을 위해서는 각종 정책 · 전략들은 조직문화에 부합되어야 한다.

둘째, 조직문화는 거의 모든 조직활동과정(정책결정 및 의사소통과정, 갈등해소과정 등)에 영향을 미친다. 만약 동일조직내의 집단들이 상이한 문화적 특성을 지녔다면 상황을 해석 · 대처하는 방법과 내용에 차이가 생겨 모든 조직활동과정에 갈등이 초래할 수가 있다.

셋째, 조직문화는 구성원들의 지각, 태도형성, 그리고 행동을 연결시키는 매개역할을 한다. 즉 조직문화는 구성원들에게 외부자극들 가운데 어떤 자극에 대해 어떤 반응을 보여야 하는지를 반복적으로 가르쳐 줌으로써 구성원들의 가치체계 및 변화에 영향을 준다.

넷째, 조직문화는 구성원들에게 행동 및 판단기준을 제공하여 준다. 조직문화는 구성원들에게 조직차원에서 기대되는 행동패턴 및 조직이 지향하는 바를 명시적·묵시적으로 제시하고, 교육과 보상을 통하여 구성원들의 행동을 조직이 원하는 방향으로 통제한다.

다섯째, 조직문화는 조직에 안정성과 계속성을 제공해 준다. 공유하고 있는 가치와 규범을 다음 세대로 전달함으로써 조직을 균형적 안정상태로 유지하며, 외부사람들에게 해당조직에 대한 이미지 및 신뢰를 제고시키기도 한다.

여섯째, 조직문화는 구성원들로 하여금 정체성·일체감을 갖게 하고, 조직생활 자체에서 의미를 찾게 만들어 구성원들의 업무 전념도, 충성도, 이직률, 사기 등을 결정하게 된다.

이러한 기능을 통하여 조직문화는 조직의 위기극복 및 발전능력을 제고시키며, 또한 갈등해소에 공헌하여 내적 통합을 촉진하는 등 조직의 효과성에 긍정적인 영향을 미친다. 반면에 조직문화는 정책담당자들의 관점을 제한하거나 조직구성원의 행동을 제약시켜, 저항세력을 형성시킴으로서 조직성장에 부정적 영향을 미치기도 한다.

제3절 조직문화의 구성요소

조직문화의 이해와 효율적인 관리를 위해서는 조직문화의 구성요소, 즉 조직문화가 어떤 요소를 통해서 표출되는가를 밝혀보는 것이 필요하다. 그러나 조직문화의 구성요소에 대해 학자들마다 견해가 다르기 때문에 여기에서는 R.T. Pascale과 A.G. Athos(1981: 78-84) 그리고 E.H. Schein의 견해를 중심으로 살펴보고자 한다.

1. R.T. Pascale과 A.G. Athos의 7S요소

R.T. Pascale과 A.G. Athos는 조직문화의 구성요소로는 공유가치(sshared value), 전략(strategy), 구조(structure), 제도(system), 구성원(staff), 관리기술(skill) 그리고 행동관리스타일 등이 있는데, 이중에서 공유가치가 가장 중요하다고 하였다.

또한 이들은 이러한 요소들이 밀접하게 일관성이 있는 상호적합적 관계를 유지하여야만 조직목적의 달성을 극대화시킬 수 있으나, 이를 위한 특정한 방식이 별도로 존재하는 것이 아니기 때문에 조직마다 고유한 방식을 찾아야 한다고 하였다.

① 공유가치 : 조직이 구성원들에게 주입시켜 온 가치관, 이념, 기본목적 등을 포함한다.

② 전략 : 조직의 목표 달성을 위한 한정된 자원의 배분계획 등은 조직의 공유가치를 달성하기 위한 장기적인 틀을 제공함으로서 다른 요소들에 많은 영향을 주게 된다.

③ 구조 : 전략 수행에 필요한 조직구조와 직무설계, 권한 관계와 각종규정 등을 포함해 구성원 행동에 영향을 미치는 공식적 요소들을 가리킨다.

④ 제도 : 의사소통 및 의사결정제도, 경영정보시스템, 보상제도, 인센티브제도 등 조직의 목표달성을 위해 실제 적용되는 모든 제도들을 포함한다.

⑤ 구성원 : 인력 자원의 구성과 능력, 전문성, 가치관과 신념, 욕구와 동기, 그리고 태도 등이 포함된다.

⑥ 관리기술 : 구성원들이 지니고 있거나 동기부여, 통합, 조정, 갈등 및 변화관리 등 조직운영에 실제 적용되고 있는 구체적인 기술과 방법을 포함한다.

⑦ 행동·관리스타일 : 구성원들, 특히 리더의 행동경향이나 패턴을 말한다. 조직구성원간의 상호관계, 집단간의 관계, 그리고 리더와 부하간의 관계를 결정짓는다.

2. E.H. Schein의 견해

E.H. Schein(1992:16-27)은 조직문화에 대한 조직구성원의 일반적인 인식수준을 가시적 수준(visible), 인식적(awareness) 수준 그리고 비가시적(invisible)·인식이전(preconscious) 수준으로 조직문화를 계층화하면서 다음과 같이 구성요소를 설명하고 있다.

① 가시적 수준 : 조직에 대한 전체적인 인상과 외형적인 조직문화 특성을 형성하는 데 결정적으로 작용하며, 여기에는 인공창조물이 있다. 이는 기술과 제품, 구조와 도구, 방침과 규범, 전통과 일화, 구성원 및 집단의 의식과 행동패턴 등을 의미하며, 이는 물질적, 상징적 그리고 행동적인 인공창조물로 나눌 수 있다.

② 인식적 수준 : 구성원들이 공유하고 있는 행동에 대한 판단기준인 동시에 가시적 수준의 인공 창조물을 지배하는 요소로서, 창의성 존중, 개인책임중시, 조직문제에 대한 합의의 중요성, 개방적 의사전달 등이 포함된다. 그러나 상징성이 강한 조직의 이념적 가치와 현실적 가치간에는 차이가 있기에 인식적 수준의 구성요소들이 조직의 실제 문화에 그대로 나타나지는 않는다.

③ 비가시적·인식이전 수준 : 비가시적 수준은 구성원들에게 당연한 것으로 간주되어 있는 기본적인 전제나 가정들을 말한다. 이에는 환

경이나 현실 · 시간 · 공간에 대한 가정, 인간의 본성이나 인간관계 또는 인간활동에 대한 가정 등이 포함되어 있다.

제4절 조직문화의 형성 · 변경요인

조직문화의 형성 · 변경에 영향을 미치는 요인은 이루 헤아릴 수가 없을 정도로 무수히 많다. 이러한 요인의 다양함이 조직마다 다른 문화를 갖게 하는 직접적 원인이며, 조직과정상 무엇이 어떤 이유로 발생하였는지? 앞으로 어떠한 변화가 일어날 것인지 등에 대한 파악과 예측을 곤란하게 만들고 있다.

1. 대표적 외적 환경요인

첫째, 조직문화는 해당조직이 속해 있는 특정국가(사회)의 고유한 전통과 역사, 주요종교, 그리고 각종제도, 관습, 규범 등의 영향을 크게 받는다. 예를 들어, 동일한 다국적 기업이라 하더라도 설치지역에 따라 형성된 조직문화는 차이가 나므로 통일된 조직관리 및 업무수행방법으로는 조직의 효과성을 거둘 수 없다.

둘째, 조직의 성공여부를 좌우하는 시장환경이나 고객들의 요구와 기대변화에 대한 예측과 이에 대한 적절한 대응 노력은 조직문화에 영향을 미친다.

셋째, 기술의 발전은 제품과 서비스의 수명주기를 짧게 하고, 구성원들에게는 새로운 기술과 지식을 습득해야 하는 부담을 주며, 나아가 조직구조는 물론 구성원들의 의식구조와 가치관에도 변화를 가져온다.

넷째, 정부규제의 종류와 정도는 조직문화에 많은 영향을 준다. 예를 들면 정부가 강력한 산업규제정책을 사용하면 환경이나 고객에 대해 둔감하게 되며, 현상유지적 분위기가 유지될 가능성이 커진다.

다섯째, 주요자원의 수급의 원활 정도는 조직문화에 영향을 준다. 특정자원의 조달이 곤란할 경우에는 조직의 목표, 전략, 경영방침 내지는 조직행동이 수정되어야 한다.

이 밖에 국내외의 각종 정치적 · 경제적 요인(인플레이션, 세제, 금리, 경제성장률 등)들도 조직문화 형성에 많은 영향을 주고 있다. 따라서 이 요인들의 변화정도와 방향을 분석 · 파악하고, 이에 대응할 수 있는 방안을 마련하여야 한다.

2. 내적요인

첫째, 조직의 창설자나 최고관리층의 이념이나 행위는 조직의 기본가치를 확립하는 데 장기간에 걸쳐 결정적인 역할을 한다. 적어도 창설초기 단계에서는 자신의 신념과 가치에 일치하거나 가장 잘 수용할 수 있는 사람들을 조직에 참여시키기 때문에 창설자의 이념 그 자체가 조직의 가치로 나타나고, 그들의 행위는 구성원들의 모델이 되는 경우가 많다.

둘째, 조직의 전략과 관리체계는 기존의 문화에 의해 선택의 폭이 결정되며, 또한 그 전략의 성공여부는 조직문화와의 적합성 여부에 따라 좌우되기도 하지만, 새로운 조직의 성장전략과 관리체계는 새로운 조직문화의 형성에 영향을 미친다.

셋째, 조직전체 또는 단위부서별 종업원들의 사회적 배경(학력, 연령, 성, 종교 등)의 분포에 따라 해당 조직문화가 달라질 것이다.

넷째, 조직구성원들의 안정성이 높을수록 복잡한 사회적 현상에 대한 이해가 통일된다.

다섯째, 전체 조직내에 영향력 있는 집단의 존재여부, 그 집단의 종류와 성격, 구성비율에 따라 특징적 문화가 형성된다.

여섯째, 조직의 유형이나 사업성격에 의해서도 영향을 받는다. 나라 또는 지역은 달라도 학교, 군대, 행정기관, 기업, 종교단체 등과 같은 유형의 조직들은 나름대로 유사한 조직문화를 갖고 있으며, 한 종류의 조직 내에서도 담당하고 있는 주된 업무의 성격에 따라 하부조직의 문화는 달라질 수 있다.

이 밖에 조직의 역사와 규모, 관리방식(집권적 또는 분산적), 계층의 수 등 조직의 구조 역시 조직문화의 형성에 많은 영향을 미치고 있지만, 가장 대표적인 내적 영향요인들은 구성원의 특성과 조직구조 및 관리에 대한 전통적인 가치관 등이므로, 결국 조직문화의 형성에 가장 중요한 내재적인 요인은 인간이라고 할 수 있다.

일반적으로 조직문화의 형성에 영향을 미치는 요인들, 특히 외적요인들은 완벽한 관리 내지는 통제 가능성이 전혀 없거나 매우 약하다. 그러므로 조직문화자체를 의도적으로 바꾸기는 쉽지 않지만, 바람직한 조직문화를 형성 또는 변화시키려면 조직의 환경적 요인을 면밀히 분석하고 조직의 현실을 파악함과 함께 조직문화에 대한 비전을 바탕으로 인간적 요인들을 개선시키도록 노력하여야 할 것이다.

제5절 조직문화에의 접근방법

조직문화 연구에 주로 이용되고 있는 몇 가지 접근방법을 요약 소개하면 다음과 같다. 각각의 접근방법은 조직과 문화, 그리고 조직문화에 대해 서로 다른 개념을 가지고 있음을 이해하여야 한다.

1. 비교관리학적 접근방법

비교관리학적 접근방법(comparative management approach)은 조직문화는 사회문화의 하위체제이므로, 결국 사회문화가 내부요인인 관리이념, 구성원의 가치관과 신념, 제도 등의 특성을 찾아내어, 조직전체와 구성원의 행태를 연구한다. 이를 통해 국가간의 문화를 비롯하여 조직간의 구성원 행동 및 관리패턴의 유사성과 차이점을 발견하고, 이들을 조직의 효과성, 능률성과 연계시켜 바람직한 조직구조, 관리체계 등의 도출을 목적으로 한다.

2. 기업문화적 접근방법

기업문화적 접근방법(corporate culture approach)은 기업조직 자체가 재화와 서비스의 창출 및 목표달성 과정에서 각종전설, 의식과 같은 독특한 문화적 산물을 창출해 낸다는 전제를 가지고 있다. 또한 조직문화와 조직의 효과성 간에는 밀접한 관계가 있다고 보는 이 접근방법은 조직문화를 구성원들을 통합시킬 수 있는 일종의 사회적·규범적 요소인 동시에 조직발전의 전략적 변수로 여기고 있어, 구성원들간의 공통적인 가치와 신념, 상징 등에 대한 연구와 개발에 주력하고 있다.

3. 인지적 접근방법

인지적 접근방법(cognitive approach)에서는 조직문화를 구성원들이 특정한 사물, 사건, 행위, 정서 등을 인식·해석하는 데 사용되는 공통적 의미나 공유된 준거체계라고 여기며, 개인의 인지에 영향을 주는 비가시적 또는 잠재의식화되어 버린 규칙과 논리연구에 초점을 맞추고 있다. 다시 말해 이 접근방법은 조직발전을 위한 문제의 진단과 처방을 위해 구성원들의 행위조정 기준의 발견이나 구성원들의 자아형성과정 및 갈등분석 등이 사용된다.

4. 상징적 접근방법

상징적 접근방법(symbolic approach)은 문화를 공유된 상징이나 의미체계라고 여기고 있으며, 특정 상황하에서 조직구성원들이 자신들의 경험을 어떻게 해석·이해하느냐와 이러한 해석과 이해가 구성원들의 행동과는 어떤 관계를 맺고 있는가를 밝히려 한다. 따라서 상징적 행동을 통한 조직의 형성·유지에 초점을 두어 어떻게 조직의식을 형성·유지시킬 것인가, 그리고 어떻게 상황에 대한 공통된 해석을 이끌어 낼 것인가, 또한 이를 통해 어떻게 협동적 행동을 유도할 것인가 하는 문제를 연구주제로 삼는다.

5. 구조·심리역학적 접근방법

구조·심리역학적 접근방법(structural psychodynamic approach)에서는 문화를 무의식적인 심리과정의 표현이며, 조직의 행태와 관행은 무의식 과정의 투사라고 여기고 있다. 이처럼 문화는 무의식적인 하부구조로 구성되어 있기에 조직문화를 연구하려면 표면에 드러나 있지 않은 잠재적 사고의 구조를 발견하는 것이 중요하다.

제6절 조직문화의 효과적 관리방법

조직문화를 어떻게 정립·유지·관리하느냐는 조직의 성과는 물론 존폐여부까지 영향을 미친다고 할 수 있다. 따라서 조직의 주요가치를 어떻게 찾아내어 파급시키고 내재화할 것이며, 확립된 조직문화를 어떻게 관리하고, 조직의 내적·외적 환경요구의 변화에 따라 어떻게 적응 발전시켜 나가야 하느냐가 매우 중요하다.

1. 조직문화의 형성

조직문화는 새로운 신념과 아이디어를 가진 창업자가 자신과 동일 내지는 유사한 생각을 가진 사람들과 함께 조직을 형성하는 순간부터 생성되기 시작한다. 조직문화 역시 일반문화처럼 지속성을 지니고 있으며, 내·외부의 여러 압력에 대해 저항하는 특징을 가지고 있다. 이러한 특성을 감안할 때, 초기 단계부터 조직의 목표를 효과적으로 달성할 수 있는 방향으로 조직문화를 형성시켜야 할 것이다.

2. 조직문화의 전달과 계승

조직문화의 전달과 계승의 주체와 대상은 조직구성원이다. 즉 조직문화는 조직구성원의 선발·채용·훈련 및 사회화, 그리고 동기부여과정 등을 거쳐 전달·계승된다. 이러한 과정을 거치면서 초기에 형성된 조직문화는 때론 강화되기도 때로는 약화되기도 한다.

① 조직구성원의 선발과정

조직문화는 구성원들의 사회적 배경(연령, 성, 학력, 종교 등)과 가치체계에 따라 다르게 형성되므로 조직문화를 유지·변동·발전시키려면 조직구성원의 선발과정을 통해 조직의 규범과 가치관, 비전에 부합되거나, 이를 적극 수용하려는 사람을 선발하여야 한다. 그래야만 사후의 마찰이나 저항을 예방할 수 있다.

② 교육훈련

일반적으로 교육훈련은 다음에 언급할 사회화과정에 포함된다고 볼 수 있다. 첫째 교육훈련은 공식적·체계적인 과정인 반면, 사회화과정은 비공식적 성격이 강하다. 둘째, 교육훈련은 재교육·보수교육 등도 있지만, 채용직후 실시하는 것이 일반적이나, 사회화과정은 체용 후에 장기간에 걸쳐 서서히 이루어진다(이종수외 공저, 1994: 29-437; 유훈, 2000: 560-574; 전수일외 공저, 2000:169-195; 한영춘외 공저, 1988:645-654).

교육훈련은 조직문화에의 적응 내지는 발전적 변화를 유도할 수 있는 가장 효과적인 방법이다. 일단 선발된 조직구성원들을 대상으로 각종 교육훈련을 통해 이전의 태도나 가치관을 불식시키고, 조직이 원하는 가치관을 주입시킨다. 교육훈련의 효과를 높이려면 다음의 점에 유의하여야 한다. 첫째, 피교육자들에게 사전에 교육의 목적과 방향에 관해 충분히 이해시켜야 능동적이고 적극적인 수강태도를 갖게 할 수 있다. 둘째, 조직전체의 변화를 효과적으로 유도하려면 목표집단 전체를 대상으로 교육훈련을 실시하여 구성원 전체에 공통된 가치관을 형성시켜야 한다. 셋째, 지속적·체계적인 교육훈련을 시행하여야만 교육내용의 완벽한 이해는 물론 긍정적 행동의 강화를 기대할 수 있다. 넷째, 교육받은 내용이 행동으로 전이될 수 있도록 각종 제도와 지원방안이 마련되어야 한다. 이 밖에 교육기관과 시기, 강의방법, 교육훈련, 피교육자의 수나 구성비율(계층별, 연령별, 성별) 등을 신중하게 고려하여야 한다.

③ 조직사회화

조직사회화(organizational socialization)란 구성원들이 역할 수행 과정에서 자연스럽게 구체적인 지식과 기술의 체득은 물론 조직의 문화를 학습·적응해 나가는 과정을 의미하는데, 이는 신입구성원뿐만 아니라 기존의 구성원들이 조직환경변화에 적응하려고 할 때나, 인사이동 등으로 인한 역할변경이 생길 때도 이루어지는 것이다. 특히 새로운 조직구성원의 사회화 과정에서는 최고관리자나 고참들의 행위와 태도가 모델이 되는 경우가 많다. 이런 사회화 과정을 거치면서 새로운 구성원들은 조직내에서 허용 또는 불허되는 행동은 무엇인지 등을 체득하게 되며, 나아가 미래에 대한 예상도 할 수 있게 된다. 더욱 중요한 것은 사회화 과정을 통해 조직내에서 자신의 위치와 역할을, 그리고 다른 구성원과의 상호작용에 대해 분명한 인식을 갖게 될 뿐만 아니라, 의사소통에의 장애극복은 물론 구성원상호간의 역할갈등을 최소화할 수 있을 것이다. 사회화 과정이 원만히 이루어지지 못할 경우, 강력한 통제장치를 작용시킬 수밖에 없게 되어 궁극적으로는 조직의 목표달성을 곤란하게 한다.

④ 보상시스템

직무의 종류나 계층에 따라 적절한 평가시기와 방법을 정하여 탁월한 업무성과에 대해서는 반드시 인정과 보상을 제공하는 동시에 조직규범의 일탈자에게는 부정적인 보상(징계나 해고 등)을 제공될 수 있는 장치가 효율적으로 마련·운영되어야 비로소 조직 내에서 가장 가치있는 역할과 행동이 보급·활성화되는 등 바람직한 조직문화를 유지하고 관리할 수 있게 된다. 이 때 반드시 기억해야 할 사실은 전달·계승하고자 하는 문화의 수준과 내용에 따라 보상시스템을 달리하여야 한다는 것이다. 이에는 재정적 형평을 감안한 물질적인 보상 이외에도, 표창이나 상사의 관심·칭찬 등과 같은 비물질적·상징적 수단도 이용될 수 있다. 때로는 제공되는 정보의 양과 종류의 제한 또는 재량 범위의 재조정 등도 유용한 수단으로 이용될 수 있다(Stephen L. Fink, R. Stephen Jenks, Robin D. Willits, 1983:113-156).

3. 새로운 조직문화의 개발·변경

① 필요성

지금까지 각종의 조직문제 해결에 있어 나름대로 기여하여 왔던 기존의 조직문화가 조직환경의 변화, 목표의 변경, 다른 조직과의 합병 등과 같은 이유들로 조직의 성장과 발전에 제약요소로 전락할 때가 있다. 따라서 새로운 상황하에서도 지속적으로 높은 효율을 유지하려면 조직의 구조나 기능과 같은 공식적 요소들의 변경보다는 조직문화를 변경 또는 개발하는 것이 바람직하다. 왜냐하면 공식적 요소들의 변경시도는 많은 저항과 부작용들을 초래하는 반면, 비구체적·비가시적인 조직문화에 대해서는 조직적이고 거센 외부적 저항을 보일 수 없기 때문이다. 그러나 조직문화는 상당기간 동안 해당조직의 기본적 가치로서 구성원들에게 지극히 당연한 것으로 여겨져 왔기 때문에, 조직문화의 변화에도 적지 않은 저항이 있게 마련이며, 상당한 시간이 요구되며, 또한 성공여부를 판정하는데도 어려움이 따른다.

② 절차

조직문화를 개발·변경시키기 위해서는 외부전문가를 참여시켜 구성원과 함께 환경 및 조직의 목표, 구성원의 능력 등과 같은 요소들을 철저히 평가·고려하여 계획을 작성·시행하는 것이 바람직하다. 일반적으로 조직문화의 개발·변경에는 다음의 단계를 거친다.

첫째, 조직의 내적·외적 환경의 변화를 감안하여 현 조직문화의 특성과 가치, 그리고 문제점을 진단하고, 새로운 환경 요구에 부응할 수 있는 바람직한 조직문화를 설정한다. 기존의 조직문화는 조직 전체적 측면과 구성원적 측면으로 나누어 파악·분석하여야 할 것이다. 전체적 측면에서는 조직목표의 사회적 기여도, 의사결정과정(질적·양적 수준)의 참여, 보상제도 및 각종 후생복지제도의 내용, 그리고 구성원 및 고객관리방식 등을 파악하여야 하며, 구성원측면에서는 환경변화·조직목표·직무에 대한 태도, 자기개발의 노력정도, 전체 또는 개인 지향성의 정도 등을 파악하여야 한다. 또한 바람직한 미래의 문화내용은 제안제도 등을 이용하거나 벤치마킹의 대상이 되는 다른 조직들의 문화적 특성을 참고하여 설정하여야 한다.

둘째, 조직문화의 개발·변경을 효과적으로 수행하려면 우호적인 분위기부터 조성하여야 한다. 그렇기 위해서는 구성원들로 하여금 직접체험이나 개방적·민주적인 의사소통을 통하여 새로운 조직문화의 변화필요성을 공감시키고, 자신들의 가치와 행위변화를 위한 내적 동기를 유발시켜야 한다. 이 때 구성원들의 자발적·합의적 참여를 얻지 못하면, 구성원들간의 갈등원인만을 제공하게 된다.

셋째, 이러한 과정을 거쳐 결정된 미래 문화의 방향과 특성을 어떤 방식으로 유도할 것이지, 어떤 집단을 주도세력으로 내세울 것인지에 대한 결정과 함께 새로운 문화에 부적합자는 누구인지 등에 대한 파악도 이루어져야 한다. 이 같은 조직문화 개발전략은 되도록 구체적으로 작성하여, 그 전략에 대한 구성원들의 의견제시는 쉽되, 신뢰할 수 있게 만들어야 한다.

넷째, 일단 조직문화의 개발전략이 세워졌다면, 이 전략을 실천할 수 있는 세부 실행계획을 작성하여야 한다. 이 때 의사소통, 교육훈련, 보상 및 통제계획 등이 마련되어야 한다.

다섯째, 이러한 절차에 따라 마련된 새로운 가치관이나 행동양식을 구성원들에게 내면화시켜 장기적으로 유지시킬 수 있는 전략도 마련되어야 한다. 이 전략은 구성원의 선발, 교육훈련 등 조직의 전 관리과정에 걸쳐 일관성 있게 적용되어야 한다.

여섯째, 새로운 조직문화를 효과적으로 정착시키려면 선정된 목표의 구체화 작업과 실행계획에 대한 평가제도가 확립되어야 한다. 새로이 선정·제시된 공유가치에 대한 조직구성원들의 내재화 정도를 측정하고 결과에 대한 원인을 분석·평가할 수 있는 환류시스템을 마련하여야 한다.

③ 전략

가. 최고관리층의 변경

조직 차원에서 환경변화에 대응하려면 구성원들이 바람직한 가치관이나 행동양식을 가져야 하는데, 이를 위해선 최고관리자의 적극적 관심과 지원 그리고 솔선수범이 전제되어야 한다. 또한 최고지도자는 개방적이고 솔직한 태도를 가지고 자신의 장기적인 경영이념과 비전을 제시하면서 변화의 창도자로서의 역할을 수행하여야 한다. 경우에 따라서 최고관리층을 구성하고 있는 상당수의 인원을 시대적 요구에 부응하는 가치관과 능력을 지닌 조직내·외부 인사들로 교체충원도 고려하여야 한다.

나. 새로운 기술도입

새로운 생산관리기술의 도입은 새로운 업무습득의 필요성은 초래시키지만, 조직성과의 제고와 더불어 전통적 가치체계 및 문화적 상황의 변화를 유도해 낼 수 있다.

따라서 새로운 기술을 도입하려는 경우에는 그 기술이 내포하고 있는 전제들과 바람직하다고 여겨지는 조직문화와의 조화 정도를 고려하여야 한다. 예를 들어 정보시스템의 구축과 공장자동화의 도입결정은 부서간의 세력 판도에 변화를 가져오며, 이 때문에 조직구성원 또는 조직내의 집단 상호간에 갈등이 야기될 것이고, 이를 조정·해결하는 과정을 거치면서 조직에 변화를 가져온다.

다. 일화와 상징의 개발

조직문화는 조직내의 일화나 다른 상징적 수단들에 의하여 전달되고 이해된다. 따라서 새로운 환경변화에 부합되는 조직문화를 개발·변경시키려면 기존의 문화적 가치를 유지시켜 왔던 일화나 상징들을 새로이 요청되는 문화적 가치를 내포하고 있는 것들로 대체시켜야 한다.

제12장 능력발전과 리더십

제1절 교육훈련

1. 교육훈련의 의의

교육훈련이란 공무원의 능력을 발전시키기 위해서 직무수행에 필요한 지식과 기술을 계발·연마하며 공무원이 지니고 있는 가치관이나 태도의 변화를 촉진시켜 나가는 과정을 의미한다. 원래 교육과 훈련이란 용어는 구분하여 사용되어 왔다. 교육이란 일반적인 교육·지식·기능·태도의 습득 또는 인격의 도야 등을 의미하고, 훈련이란 일반적인 것이 아닌 특정한 직무를 수행하는 데 요구되는 전문적 기술이나 직무방법 등을 계발하고 발전시키는 과정을 의미한다(오석홍, 2006:597-606; 김원경, 1995, 348-376; Herbert G. Heneman III, Donald P. Schwab, John A. Fossum, Lee P. Dyer, 1980:173-208; Don Hellriegel, John W. Slocum, Richard W. Woodman, 1988:544-572; 김규정, 2002:622-684; 정인홍외 공저, 2002:425-431; 백완기, 1984:562-571; 신현기외 공저, 2006:250-253; 이종수외 공저, 2006:454-458; 위계점외 공저, 2003:509-521; 하상군, 2005:437-457; 박수영외 공저, 2005:340-349; 한영춘외 공저, 1988:645-671; 유훈, 2000:560-574; 전수일외 공저, 2000, 169-195; 박용치외 공저, 2006:444-453; 강용기, 2005:277-283; 권기성외 공저, 1999:785-814; 유종해외 공저, 2000:348-352).

2. 교육훈련의 목적과 필요성

1) 교육훈련의 목적

① 사기의 앙양 : 직무수행능력이 없으면 사기가 저하된다. 교육훈련을 통하여 직무수행에 필요한 지식과 기술을 익혀서 업무에 대한 자신감을 갖도록 함으로써 근무의욕이 고취되며 경력발전 및 자기계발의 기회가 부여되어 공무원의 사기가 앙양된다.

② 생산성의 향상 : 교육훈련을 통하여 직무수행의 생산성을 향상시킬 수 있다. 즉 교육훈련으로 공무원의 직무수행에 필요한 지식과 기술이 습득됨으로써 불필요한 동작이 제거되고 직무수행이 신속하게 되어 능률적 행정처리가 가능하게 된다.

③ 통제와 조정필요성의 감소 : 교육훈련을 통하여 자기가 맡은 바 직무에 대하여 행정의 전체적인 흐름 속에서 스스로 처리할 수 있는 능력을 갖게 되어 자신의 직무를 수행하게 된다. 따라서 행정목표가 달성될 수 있도록 수행되고 통제나 조정할 필요성이 줄어든다.

④ 조직의 안정성과 융통성 : 공무원이 교육훈련을 통한 능력발전에 의하여 스스로 직무를 원활하게 수행함으로써 행정의 안정성이 확보되고 공무원능력의 향상은 환경여건의 변화에 스스로 대처할 수 있는 능력을 갖게 하여 행정의 융통성이 부여된다.

⑤ 행정발전 : 교육발전을 통한 공무원의 능력발전은 행정의 능률향상, 시간절약, 예산절약 등의 효과를 가져오게 되어 행정자체의 발전에도 기여하게 된다.

⑥ 과오감소 및 시간의 절약 : 공무원의 능력이 부족할 때 직무수행과정상 시행착오의 과정을 거칠 우려성이 있다. 교육훈련을 통하여 이와 같은 시행착오로 인한 과오나 시간의 낭비를 감소시킬 수 있다. 즉 교육훈련을 통하여 직무수행능력을 신속하게 습득할 수 있게 하고 능력부족에서 오는 과오를 미연에 방지할 수 있으며, 신속한 업무처리에 의하여 시간의 절약을 가져온다.

⑦ 결함의 시정 : 교육훈련을 통하여 관료제의 병리를 시정할 수 있다. 행정환경에 따라 관료제적 병리현상도 국가마다 다르겠으나 행정적인 환경범위내에서 나타나는 관료제의 결함은 교육훈련을 통하여 시정할 수 있다.

⑧ 공무원의 경력개발 : 교육훈련을 통하여 승진에 필요한 직무수행능력이 습득되기 때문에 공무원의 경력개발에 도움을 준다. 교육훈련이 현직의 직무수행능력의 향상뿐만 아니라 장래 담당해야 할 상위직의 직무수행능력의 향상도 담당함으로써 사기의 진작과 아울러 만족한 공무원생활을 할 수 있게 하여 준다.

⑨ 행정관리의 개선과 발전 : 교육훈련을 통하여 행정관리의 개선 및 발전을 촉진시킬 수 있다. 공무원의 가치관의 발전적 변화와 행정관리의 절차 및 방법 등의 개선은 교육훈련을 통하여 이루어질

수 있다. 이것이 곧 행정의 개선·발전이며 행정개혁의 일부라고도 할 수 있다.

⑩ 능동적인 공무원의 양성 : 교육훈련을 통하여 국가·사회발전의 담당자로서의 역할을 하는 능동적이고 적극적인 공무원을 양성할 수 있다.

2) 교육훈련의 필요성

공무원의 교육훈련이 필요한 요인은 다음과 같다.

① 직무수행능력습득의 필요

② 변화에 대처할 수 있는 능력습득의 필요

③ 공무원사회(조직내의 분위기)에 적응능력의 요청

④ 국가사회발전을 담당할 수 있는 능력습득의 필요

⑤ 감독자나 관리자로 승진시 요구되는 능력습득의 필요

⑥ 기타 특수 직책을 수행하는 데 따른 기술능력습득의 필요성

3) 교육훈련의 내용

교육훈련의 중요한 내용은 다음과 같다.

① 신규채용자를 위한 환경적응훈련

② 재훈련(reortientation)

③ 보충적 기술의 습득을 위한 교육

④ 정부의 특수한 기술 습득을 위한 교육

⑤ 새로운 기술의 습득

⑥ 감독자를 위한 훈련

3. 교육훈련의 종류

1) 신규채용자훈련

신규채용자훈련은 공무원으로 새로 임용된 자에 대하여 적응훈련과 기초훈련을 시키게 된다. 이는 신규채용된 공무원들이 담당하는 업무에 익숙해지도록 하기 위한 훈련이다. 신규채용자는 새로운 환경 속에 뛰어들어서 조직의 목적이나 직책의 내용 및 사무환경 등을 이해하지 못하고 있으며, 이 경우 직무수행에 지장을 초래하게 된다. 따라서 이들에 대하여 조직의 목적과 구조기능 및 직무내용을 익히도록 하는 훈련이 필요하며 이 훈련을 통해서 직장내의 전체적 성격을 파악하고 업무상황을 이해할 수 있게 되어, 담당직무를 이해하고 직장분위기에 적응할 수 있는 능력을 기르게 된다.

2) 재직자훈련

재직자훈련이란 신규채용자·감독자 및 고급관리자를 제외한 현재 재직하고 있는 공무원들에 대한 훈련을 말한다. 이는 주로 새로운 지식 및 기술의 습득과 변동하는 사회에 적응할 수 있는 변화대응능력을 향상시킴으로써 직무수행능력을 증진시키려는 것이다.

3) 감독자훈련

감독자란 1인 이상의 부하를 통솔하고 그들은 지휘·감독할 책임과 권한이 있는 자를 말하며, 우리나라의 행정조직내에서 일선감독을 맡고 있는 계장이 이에 해당된다. 감독자훈련은 인사관리·의사전달·인간관계·리더십·업적평가·안전관리·사무관리·사무개선 등을 내용으로 하고 있으며, 훈련의 방법으로는 직장내훈련·토론 · 세미나 · 강의 · 사례연구 · 회의 · 시청각교육 등이 있으나 가장 많이 이용되고 있는 것은 회의방법이다.

4) 관리자훈련

관리자훈련은 고급관리층(top management) 또는 중간관리층(middle management)에 속해 있는 공무원이나 이러한 직위에 승진할 공무원을 대상으로 행정지식과 사회적인 견식을 넓힘으로서 합리적인 정책판단(결정)능력 및 지휘능력을 향상시키려는 훈련이다. 관리자훈련에는 다음과 같은 원칙을 고려해야 한다.

① 피훈련자의 자기발전을 위한 노력에 기초를 두어야 한다.

② 피훈련자의 개인차를 존중하고 구체적인 경우에 적합한 훈련방법을 채택해야 한다.

③ 장기적으로 지속되어야 한다.

④ 충분한 성과를 거두도록 조직내외의 여건이 조성되어야 한다.

⑤ 관심을 가지고 지원하고 필요한 훈련시설 및 훈련과정이 마련되어야 한다.

5) 교관훈련

공무원교육을 담당할 교관훈련의 성패는 공무원훈련의 성패를 좌우한다는 의미에서 그 중요성이 인식된다. 교관의 선발과 교육훈련에 있어서 고려할 기준으로서는 다음 사항을 들 수 있다. 교관은 ① 전문분야의 지식과 기술을 충분히 갖춘 실력자이어야 하며, ② 인간적 신뢰를 받을 수 있는 인품을 지닌 인격자이어야 하고, ③ 훈련관계자들과 협조가 잘 되어 호흡이 맞을 수 있는 자로서, ④ 자기발전을 위해 계속 연구노력을 하며, ⑤ 훈련기술을 습득한 자이어야 한다. ⑥ 이상의 조건을 갖춘 자로서 구체적인 실무경험이 있는 공무원이면 더욱 바람직하다.

4. 교육훈련의 방법

훈련의 방법으로는 현장훈련, 순환보직훈련, 강의, 사례연구, 토론회의 신디케이트, 감수성훈련등이 있는데, ① 훈련의 목적, ② 훈련대상자, ③ 훈련시설, ④ 재정, ⑤ 훈련시기, ⑥ 유능한 교관의 유무 등에 따라서 적절한 훈련방법을 선택해야 한다.

1) 현장훈련(on the job training)

현장훈련은 훈련대상자가 자기의 소속기관 내에서 자기의 직무를 수행하면서 상관으로부터 지도·훈련을 받는 방법이다. 이와 같은 현장훈련방법은 ① 실용적인 효과가 크고, ② 경비가 절약되며, ③ 원만한 인간관계를 유지할 수 있는 등의 장점이 있으나, ① 상관의 시간이 많이 소요되고, ② 상관의 지도기술이 부족할 때 비효과적이며, ③ 현장에서 훈련을 받을 수 있는 직무에는 그 한계성이 있고, ④ 피훈련자의 수가 많은 경우에는 비능률적이며, ⑤ 고급공무원의 훈련방법으로 적당하지 않다는 단점을 지니고 있다.

2) 순환보직훈련(position or job rotation)

순환보직훈련이란 보직을 바꾸어 가면서 직무를 처리하도록 하는 훈련방법인데, 이는 행정적인 시야를 넓히고 행정전반에 걸친 지식을 습득함으로써 일반행정가로서의 능력을 기르게 하는 훈련방법이다. 우리나라의 사법시험합격자에 대한 실습훈련방법이 이에 해당된다.

3) 강의(lecture)

강의는 훈련대상자를 한 곳에 모아 놓고 훈련담당관이 일반적으로 정보를 전달하는 방법으로서 ① 조직적이고 체계적인 훈련을 시킬 수 있으며, ② 훈련내용을 신축성있게 조정할 수 있고, ③ 일시에 많은 사람을 훈련시킬 수 있는 장점이 있으나, ① 일방적 주입식 교육은 훈련대상자의 흥미를 잃게 하기 쉬우며, ② 실무와 거리가 먼 이론에 치우치기 쉽다는 단점이 있다.

4) 사례연구(case study)

감독자나 관리자의 인간관계에 관한 훈련에 활용되는 방법으로서 실제로 있었던 구체적인 사례를 가지고 토의하는 방법이다. 이러한 방법은 ① 분석적인 사고능력과 문제해결능력을 개발시키고, ② 자유로운 토의가 가능하며, ③ 독단을 피할 수 있고, ④ 경험을 활용할 수 있는 장점이 있으나, ① 다수의 훈련대상자의 훈련에 부적합하고, ② 문제에 대한 단면적인 파악에 그치기 쉽고, ③ 자료준비에 많은 노력이 필요하며, ④ 시간이 많이 소요된다는 단점이 있다.

5) 토론회(panel, symposium, dialogue)

토론회란 몇 사람의 연사로 하여금 주제를 발표하게 하고 훈련대상자들도 이에 참여시켜 토론하도록 하는 방법으로서, 패널(panel) 심포지움(symposium), 대담(dialogue) 등이 있다. 패널이나 심포지움은 다수의 훈련대상자를 상대로 하고 있으나, 연사를 복수로 하는 것이 강의와 다르고 피훈련자의 토론참가가 제한된다는 점에서 회의와 다르며, 패널은 상이한 배경을 가진 수명의 연사들이 동일한 주제에 관하여 공동토론하는 것을 피훈련자들로 하여금 듣도록 하나, 심포지움은 연사들이 서로 다른 주제에 관하여 발표한다는 점에서 패널과 심포지움은 서로 다르다. 대담은 한 사람의 전문가에게 한 사람의 피훈련자가 질의하고 전문가가 응답하는 것을 피훈련자들이 듣게 하는 방법이다.

6) 회의(conferences)

회의는 피훈련자전원이 참가하여 토의로 진행되는 방법으로, 사회자가 주제를 제시하고 토론을 진행시키며 토론의 결과를 요약하고 회의를 종결시키는 역할을 담당한다. 회의의 종류에는 세미나(seminar), 분반토론(group discussion), 자유토의(brain storming), 대항토의(dyad discussion) 등이 있다.

세미나는 전문지식을 가진 사람들이 연구한 것을 기초로 하여 토론을 하지만 공식적인 회의지도는 최소한으로 하는 회의를 말하며, 분반토론은 훈련대상자를 몇 개의 집단으로 나누어 어떤 주제에 관하여 깊이 토론하는 방법이고, 자유토의는 막연한 주제에 관해서 이론과 형식에 관계없이 의견을 주고 받는 방법이며, 대항토의는 회의참가자들을 둘씩 나누어 둘이 서로 대항적인 토론을 하는 방법이다.

7) 신디케이트(syndicate)

신디케이트란 훈련대상자를 몇 개의 소집단으로 편성하여 각 집단별로 연구과제를 주어 연구시키는 훈련방법으로서 훈련대상자들 간에 접촉이 긴밀하여지고, 관리자의 관리기술과 태도를 기르는 데 효과적이나 훈련기간이 너무 짧고 훈련관의 확보가 어려운 점이 있다.

8) 감수성훈련(sensitivity training)

훈련방법에는 이외에도 독서(selective or planned reading) · 통신교육(correspondence course) · 관찰(observation visit) · 계획학습(programmed instruction) · 모의연습(simulation) · 역할연기(role playing) 등이 있다.

제2절 근무성적평정

1. 근무성적평정의 의의

근무성적평정제도란 공무원의 근무성적을 평가하는 제도, 즉 공무원의 근무실적 · 직무수행능력 · 근무수행태도 · 발전가능성 등에 대하여, 즉 정기적으로 그리고 체계적으로 평가하는 제도를 말한다. 이들 요소들을 객관적으로 측정 · 파악하여 공정한 인사관리의 기초로 삼아 행정능률을 위한 인사관리의 수단으로 사용하고자 하는 것이다(정인흥외 공저, 2002:418-424; 이종수외 공저, 2006:459-465; 신현기외 공저, 2006:254-262; 김규정, 2002:637-652; 하상군, 2005:446-452; 한영춘외 공저, 1988:655-662; 박수영외 공저, 2005:346-349; 유훈, 2000:575-595; 권기성외 공저, 1999:795-805; 위계점외 공저, 2003:509-521; 박용치외 공저, 2006:450-453; 유종해외 공저, 2000:364-369; 백완기, 1984:567-571).

2. 근무성적평정의 기준

근무성적평정은 근무실적 · 능력 · 태도 등을 객관적으로 측정 · 분석 · 평가함으로써 이루어지는 것이다. 그러나 개개인의 성격 · 취미 · 감정이 이질적이고 상이한 까닭에 평정자가 합리적이고 객관적인 평가를 하기가 쉽지 않다. 즉 제도상으로 아무리 정밀하고 완전한 평가방법과 절차가 마련되어 있다 하더라도 인간을 평정에 있어 완전을 기하기 위하여 몇 가지 기준을 설정하고 이에 입각하여 근무평정을 행하도록 하고 있는 것이다. 근무평정을 위한 기준으로는 객관성 · 신뢰성 · 타당성 등을 들수 있다.

1) 객관성

평정자의 편견과 주관에 좌우되지 않고, 누구나 평정하더라도 동일한 평정결과가 나오도록 하는 객관성의 유지가 필요하다.

2) 신뢰성

평정의 시간과 장소가 바뀌더라도 동일한 평정결과가 나와야 하고 한 사람의 평정자가 여러번 평정하더라도 동일한 결과가 나올 수 있는 신뢰성이 확보되어야 한다.

3) 타당성

근무평정의 내용이 ① 조금이라도 거짓이 있어서는 안되며, ② 근무성적평정의 목적에 부합되어야 한다는 것이다. 즉 평정자의 주관이나 자의적인 판단을 개입시켜서 현재의 근무성적이나 태도는 좋지 못한데 피평정자의 인간성이나 능력을 고려할 때 앞으로는 좋은 성적이 나오리라는 예측에서 우수한 성적으로 평정하여서도 안되며, 개인적인 친소관계 · 정보관계 등에 의해서 피평정자에게 편의나 특혜를 주고자 하는 의도로 사실과는 다른 우수한 성적으로 평정하여서도 안 되는 것이다. 이와 같이 불공평한 평정을 방지하기 위하여 타당성의 확보가 필요한 것이다.

3. 근무성적평정의 목적

① 근무성적평정을 하는 목적은 다음과 같다. 다음의 용도를 위하여 근무성적평정제도가 활용된다.

② 상벌의 목적 및 인사관리의 기준

③ 채용시험 타당도를 측정

④ 공무원의 능력발전 수단

⑤ 훈련수요의 파악

⑥ 적재적소의 배치

⑦ 능률향상

⑧ 감독자와 부하간의 이해 증진

4. 근무성적평정의 방법

1) 도식평정척도법(rating scale method)

도식평정척도법이란 평정의 요소를 정하여 놓고 그 요소에 대하여 숫자화 또는 문자화시키는 평정방법을 말한다. 우리나라에서는 근무실적, 근무수행능력, 근무수행태도, 청렴도 등을 정해 놓고 있다.

이 방법의 장점으로는 ① 한번에 많은 직원을 대상으로 할 수 있고, ② 분석적 평가방법이기 때문에 평정에 있어서 객관성을 확보할 수 있으며, ③ 평정양식작성이 용이하여 비용이 절약되고, ④ 평정결과가 숫자화되기 때문에 조정이 용이하다는 점을 들 수 있고, 단점으로서는 ① 평정요소의 선택이 곤란하고, ② 평정의 연쇄효과가 나타난다는 것이다. 연쇄효과란 어느 한 평정요소의 성적이 우수하거나 열등하면 제2·제3의 요소에 대한 평가도 제1의 요소에 대한 평가의 영향을 받아 같은 평가를 할 경향이 농후하다는 것이다.

2) 강제배분법(forced distribution method)

강제배분법이란 수 많은 사람을 대상으로 평정을 실시할 때는 그 성적을 사람의 수에 맞추어 강제로 배분하는 방법이다. 이것은 집중화경향이나 관대화경향을 방지하기 위하여 취해지는 방법이다.

3) 대인비교법(man to man comparison)

우선 피평정자중 가장 우수한 자와 가장 열등한 자를 뽑아 최상과 최하의 등급으로 배치하고, 그 중간에 해당하는 사람을 또 뽑아 중간등급에 배치한다.

4) 프로브스트식 평정법(the probst service rating system)

이 방법은 1927년에 미네소타주의 세인트 포올시 인사위원회의 J.B. Probst가 고안하였다고 하여 프로브스트식 평정법이라 하며, 피평정자의 일상 직무수행상태를 보고 체크하는 방법이라고 하여 일명 체크리스트법이라고도 한다.

5) 강제선택법(forced choice rating method)

단문으로 되어 있는 4-5개의 체크리스트를 만들어서 피평정자 스스로가 자기에 가장 적합한 표현과 가장 부적합한 표현을 선택하도록 하는 것이다. 체크리스트법은 평정자가 체크하는 방법인 데 반하여, 이 방법은 피평정자 스스로가 체크하는 방법이라는 차이가 있다.

6) 산출기록법(production records)

이 방법은 일정한 시간내에 달성할 일의 량, 또는 일정한 일을 완성함에 소요되는 시간을 기준으로 평정하는 방법이다. 이 방법은 업무의 성질이 반복적인 복사나 문서정리 및 기계적 업무에만 적용된다.

7) 업적보고법(performance report method)

이는 피평정자의 업적을 입증하는 사실을 기록하도록 하는 방법이다.

제3절 승진제도

1. 승진제도의 의의

승진(promotion)이란 직무의 책임도와 곤란도가 낮은 하위직급에서 책임도와 곤란도가 높은 상위직급으로의 수직적 이동, 또는 하위계급에서 상위계급으로의 수직적인 이동을 의미한다. 그러나 승진은 동일한 직급내에서 거의 자동적으로 호봉만 올라가는 승급과 다르며, 수직적인 관계에는 아무런 변함이 없이 수평적인 이동을 의미하는 전직(transfer)이나 전보(reassignment)와도 구별된다. 전직은 직렬의 변동이며, 전보는 보직의 변경이다. 승진이 됨으로써 보수가 증가되고 조직내의 지위가 올라가며 위신의 향유를 지니게 된다(유종해외 공저, 2000:353-357; 김규정, 2002:611-617; 백완기, 1984:559-561; 권기성외 공저, 1999:806-812; 하상군, 2005:453-457; 신현기외 공저, 2006:257-260; 한영춘외 공저, 1988:663-669; 이종수외 공저, 2006:474-479; 유훈, 2000:596 -605; 정인흥외 공저, 2002:432-435; 위계점 편저, 2004:717-721).

2. 승진의 중요성

승진은 공무원 개인에 있어서나 인사제도적인 면에서나 중요한 의의를 지니고 있다. 공무원의 입장에서 보면 성공감을 갖게 되고 기대감의 충족으로서 사기가 높아진다. 또 공무원 개인의 능력발전의 수단이 된다는 점에서도, 사회적인 지위나 위신을 향유할 수 있다는 점에서도 승진은 중요성을 지니고 있다.

인사제도적인 면에서 볼 때 인적자원과 능력을 효율적으로 이용하는 수단이 되며 직업공무원제, 모집, 공무원의 능력발전, 사기 등 인사제도상 거의 모든 면에서 중요성을 지니고 있다. 유능한 사람을 공직에 유치하기 위해서 합리적인 승진제도가 마련되어야 하며 직업공무원제의 확립을 위해서도 합리적인 승진제도가 전제된다. 보수가 적정하지 못한 발전도상국에서 인간의 욕구를 충족시킬 수 있는 가장 좋은 수단은 승진이라는 점에서 발전도상국가에서는 더욱 중요성을 지니고 있다. 이와 같은 점에 비추어 볼 때 특권적 · 신분적 · 폐쇄적인 학벌 · 정실 · 지연 · 혈연 · 인간관계 · 외부압력 등에 의하여 승진이 좌우되지 아니하고, 능력과 자격 · 실적 등에 의해서 합리적으로 승진될 수 있도록 제도적인 뒷받침과 운영상의 유의를 하여야 할 것이다.

3. 승진의 범위

1) 승진의 한계

승진의 한계는 국가에 따라 상이하나 일반적으로 계급제 국가는 승진의 한계가 높고 직위분류제 국가는 승진한계가 낮다. 예컨대 영 · 독 · 불 · 일 등과 같이 계급제를 채택한 국가는 승진의 한계가 높고, 미국과 같이 직위분류제를 채택한 국가는 승진의 한계가 낮다. 우리나라는 중간이라고 볼 수 있다.

승진의 한계가 높으면 ① 사기앙양, ② 행정기술의 향상, ③ 직업공무원제의 발달 등에 도움이 되나, 반면에 ① 관료권력이 강해지고, ② 민주적 통제가 어려우며, ③ 관료사회의 침체를 가져올 우려성이 있다. 승진의 한계가 낮으면 반대현상이 나타난다.

2) 신규채용과의 관계(개방형과 폐쇄형)

충원에 있어서 내부 · 외부(폐쇄형 · 개방형)의 비율은 ① 재직자의 사기, ② 공무원의 질, ③ 직업공무원제의 정도, ④ 민주통제 등을 고려하여 결정하게 된다.

개방형이면 ① 조직체의 신진대사를 통하여 새로운 기풍을 불어 넣을 수 있고, ② 보다 우수한 인재를 등용하여 공무원의 질을 향상시킬 수 있으며, ③ 관료주의적인 병리현상을 막을 수 있으나, 반면에 ① 재직자의 사기저하 우려성이 있고, ② 이직률이 많아지며, ③ 조직의 안정성이 저하될 우려성이 있다. 폐쇄형이면 개방형 때와 반대현상이 나타난다.

3) 재직자간의 경쟁(교류제와 비교류제)

재직자간의 승진경쟁에 있어서 동일부처간에 한정될 때 비교류제이고, 다른 부처까지 포함할 때 교류제이다. 비교류제가 일반적이며 우리나라도 비교류제이다.

① 교류제의 장단점

가. 장점

㉠ 승진의 범위가 넓어 유능한 후보자가 많다.

㉡ 인사의 침체성을 방지할 수 있다.

㉢ 승진의 폭이 넓어 승진기회의 어려움으로 인한 이직을 방지할 수 있다.

㉣ 인사의 융통성이 있다.

㉤ 공무원 자질의 균형을 가져올 수 있다.

나. 단점

㉠ 소속부처에서 승진기회를 상실함으로써 기득권의 상실을 초래하여 사기가 저하된다.

㉡ 타부처로의 승진은 생소한 직무로 인하여 능률저하를 초래한다.

㉢ 인간관계형성(협동심)에 저해된다.

② 비교류제의 장단점

가. 장점

㉠ 인간관계형성(협동단결)에 도움이 된다.

㉡ 유사한 직무로 능률화를 기할 수 있다.

나. 단점

㉠ 유능한 후보자가 적다.

㉡ 승진기회의 불균형을 가져온다.

㉢ 승진기회가 적은 부처공무원은 사기가 저하된다.

㉣ 부처간 공무원의 질적인 불균형을 가져온다.

4. 승진의 기준

승진의 기준에는 주관적인 방법과 객관적인 방법이 있다. 주관적인 승진의 기준으로 근무성적평정제도 · 승진심사위원회의 결정 · 인사권자의 판단 · 면접시험 등이 있으며, 객관적인 승진의 기준으로 경력 · 필기시험 등이 있다. 우리나라에서는 경력, 교육훈련성적 · 근무성적 · 시험 등을 기준으로 하고 있다.

1) 경력(seniority, length of service)

경력이란 공직에 근무한 연한을 의미하며 일반적으로 장기근속자가 일을 더 잘 할 수 있다는 데 근거하고 있다.

가. 경력평정의 장단점

① 장점

㉠ 고도의 객관성을 유지할 수 있다.

㉡ 정실·불공평을 막을 수 있다.

㉢ 행정의 안정성을 유지할 수 있다.

② 단점

㉠ 유능한 자의 등용이 곤란하다.

㉡ 행정이 침체되기 쉽다.

㉢ 기관장의 부하통솔이 곤란하다.

나. 경력평정의 원칙

① 근시성의 원칙 : 경력을 평정함에 있어서 가장 최근의 경력을 평정하여야 한다.

② 습숙성의 원칙 : 직무에 대한 숙련도를 고려하여 숙련도가 높은 상위직급의 경력에 숙련도가 낮은 하위직급의 경력보다 많은 비중을 두어야 한다는 것이다.

③ 친근성의 원칙 : 직무와 관련된 경력에 비중을 두어야 한다는 것이다.

④ 발전성의 원칙 : 학력·교육훈련 등을 고려하여 장래의 발전가능성을 고려하여 경력을 평정하여야 한다는 것이다.

다. 경력평정의 방법

① 경력평정기간은 평정일을 기준으로 하여 최근 8년간으로 한다. 기본경력은 이를 갑 · 을 · 병의 3등급으로 구분하여 평정하는데 동일직렬의 근무경력을 갑경력, 동일직군의 근무경력을 을경력, 직군을 달리하는 근무경력을 병경력으로 하고 있다. 다만 갑경력과 을경력은 각각 최근 4년과 그 이전 4년으로 구분하여 평정한다.

② 초과경력 : 초과경력은 기본경력 이전 6년간을 평정기간으로 하며 등급의 종류는 기본경력과 동일하다.

③ 부가경력 : 부가경력은 학력 · 자격과 훈련으로 구성되어 평정기간에 제한을 두지 않는다. 부가경력은 갑 · 을 · 병 · 정의 4등급으로 분류되고 있다.

2) 시험성적

가. 시험성적으로 할 때의 장단점

가) 장점

① 인사권자의 정실개입의 여지가 없다.

② 타당성이 높고 정당성을 기할 수 있다.

③ 새로운 발전능력과 이론을 습득할 수 있다.

나) 단점

① 근무보다 시험공부에 치중할 우려성이 있다.

② 두뇌가 명석치 못하더라도 충실한 공무원에게 불리하다.

③ 시험 전후에 공무원사기가 저하된다.

3) 근무성적

근무성적을 승진의 기준으로 이용하는 경우 공무원의 능력을 개발할 수 있고 행정능률향상에 이바지할 수 있으나, 첫째 근무평정제도는 직원의 과거 및 현재의 근무성적이므로 현재보다 상급의 직무에 적응할 수 있는 잠재적 능력의 평가에 소홀하기 쉬우며, 둘째 과거 및 현재의 근무성적이 좋다고 해서 앞으로 맡게 될 상급직의 업무를 잘 수행할 수 있다고는 말할 수 없고, 셋째, 평정자의 주관적 평가이기 때문에 정실이 개입될 여지가 많다는 문제가 있다.

제4절 배치전환(전직 · 전보 및 파견근무)

1. 배치전환의 의의

배치전환이란 동일직급내에서의 인사이동을 말하며 전직과 전보 및 파견근무를 포함한다. 전직(transfer)이란 직렬을 달리하는 임명을 의미하며, 전보(reassignment)란 동일한 직급 · 직렬내에서 직위만 변동되는 것을 의미한다. 전직이란 등급은 동일하지만 직렬을 달리하는 직급의 직위로 수평적인 이동을 하는 것을 말하며, 전보란 보직의 변경을 가져오는 수평적인 이동을 말한다(김규정, 2002:618-621; 백완기, 1984:556-558; 이종수외 공저, 2006:474-479; 위계점 편저, 2004:713-716; 한영춘외 공저, 1988:670-671; 권기성외 공저, 1999:813-814).

전직은 인사행정의 합리화 수단으로 이용하는 것이지만 남용되는 경우가 있으며, 이러한 남용을 막기 위해서 전직할 때에는 전직시험을 거치도록 하고 있다. 그러나 전보는 동일한 직급내의 보직변경이기 때문에 시험을 거칠 필요가 없다.

파견근무는 임시적 배치전환으로서 소속의 변동이 없이 원래의 소속 부서로부터 보수를 받으면서 임시로 다른 기관이나 부서의 일을 맡아서 처리하는 것이다. 이는 긴급한 인력수요에 대응하기 위한 것이다.

2. 배치전환의 용도

배치전환의 정당한 용도는 다음과 같다

① 보직에 대한 부적응의 해결

② 업무량과 기술의 변동에 따른 배치조정

③ 공직의 침체방지

④ 공적목적에 대한 충성심의 강화

⑤ 교육훈련의 수단

⑥ 배치전환을 승진계획에 결부시켜 운영함으로써 승진의 기회제공

⑦ 개인적 희망의 존중

⑧ 인간관계의 개선

⑨ 공직사유관배제

⑩ 비공식집단의 폐해제거

3. 배치전환의 남용

배치전환이 정당하게 사용되지 못하고 다음과 같이 악용되는 경우가 있다.

① 징계의 수단

② 개인적 특혜의 수단

③ 사직을 강요하기 위한 수단

④ 부하의 과오를 덮어주고 징계를 회피하기 위한 수단

⑤ 인의장막 형성의 의도

⑥ 빈번한 배치전환으로 인한 폐해

⑦ 전문화의 저해

⑧ 행정의 계속성 저해

제13장 조직구조와 리더십

제1절 조직구조의 의의

W.G. Scott 등은 조직구조란 조직내에 있어서 직위간의 관계체계로서 정의하고 있다. 이러한 의미에서 구조의 기본요소는 역할과 기대에 의해서 형성된 직위이다. S.P. Robbins는 조직구조란 복잡성 · 공식화 · 집권화의 3요소를 갖는 것으로 정의하고 있다. F.E. Kast J.E. Rosenzweig는 조직구조란 조직에 구성요소나 부문들 간에 확립된 관계의 유형이라고 하였다. 이에 따라 조직구조는 다음과같은 속성을 갖는 것으로 이해한다(한영춘외 공저, 1988 : 342-403; Stephen L. Fink, R. Stephen Jenks, Robin D. Willits, 1983:45-90; 김원경, 1995:156-169; 김호섭외 공저, 1999:273-315; 이창원외 공저, 1999:448-485; 오석홍, 2006:245-271; Stephen P. Robbins, 1983:9-18; James L. Bowditch & Anthony F. Buono, 1985:149-154; Don Hellriegel, John W. Slocum, Richard W. Woodman, 1988: 360-391; John M. Pfiffner & Frank P. Scherwood, 1960:16-51; 유종해외 공저, 2000:179-181; 박용치외 공저, 2006:280-283; 권기성외 공저, 1999:433-497;정인홍외 공저, 2002:243-247; 하상군, 2005:301-304; 이종수외 공저, 2006:352-377; 박수영외 공저, 2005:234-244; 김규정, 2002:356-370; 강용기, 2005:235-243).

① 공식적인 관계와 의무의 유형, 조직도표와 직무의 기술 또는 직위의 지침

② 조직내에 있어서 부서나 사람에 따라 다양한 활동이나 과업이 부과되는 방법(분화)

③ 세분된 활동이나 과업이 조정되는 방법(통합)

④ 조직내에 있어서 권력, 직위, 계층적인 관계(권위체계)

⑤ 조직내에 있어서 활동과 사람들간의 관계에 대한 지침이 되는 조직에 공식화되고 계획된 정책 · 절차 · 통솔(행정체제)

조직은 사람과 직무를 일정한 형식과 절차에 따라서 제도화시키고 조직화시켜 일정한 양식과 관계에 따라 운영하게 된다. 이 같이 사람과 직무를 조직화 또는 제도화한 것이 조직의 구조라 할 수 있다. 따라서 조직에 속해 있는 사람들의 권한, 지위, 역할관계가 정립되어 일정한 양식에 따라 행동하게 되고 직무와 책임의 정도 그리고 권력과 권위에 따라 계층제로 형성되고 이러한 모든 관계는 공식적으로 제도화되어 조직도표로써 나타나게 된다.

제2절 조직구조변수

조직구조의 형성요인에는 역할 · 규범 · 지위 · 권력과 권위 등이다. 이러한 구조형성요인을 바탕으로 조직구조가 형성된다. 조직구조를 구성하고 있는 요소인 조직구조변수를 보면 그 기본변수로서 복잡성 · 공식화 · 집권화를 들 수 있고 상황변수로서 규모 · 기술 · 환경 · 전략 · 권력작용을 들 수 있다. 기본변수는 구성요소이고 상황변수는 결정요소이다.

조직구조의 기본변수는 복잡성, 공식화, 집권화 등인데, 복잡성은 분화와 통합의 원리, 집권화는 권한과 책임의 원리, 공식화는 성문화와 불문화의 원리가 적용된다(Stephen P. Robbins, 1983:45-92; 이창원외 공저, 1999:448-485; James L. Bowditch & Anthony F. Buono, 1985:149-154).

1. 복잡성(complexity)

조직구조 특성의 하나인 복잡성에 대한 개념을 이해하기 위해서는 복잡성의 구성요소를 검토할 필요가 있다. 복잡성의 구성요소로서는 수평적 분화, 수직적 변화, 장소적 분산의 3요소를 들 수 있다.

1) 수평적 분화

수평적 분화는 조직이 수행하는 업무를 조직의 구성원들이 분활·세분하여 수행하는 양태를 말한다. 이러한 업무의 분활·할당·세분하는 방법에는 두 가지가 있다. 첫째로 고도로 훈련된 전문가들에게 비교적 포괄적인 업무를 수행하게 하는 방법이고, 둘째 업무를 세분화시켜 비전문가도 수행할 수 있도록 하는 방법이다. 업무수행상에 전반적인 책임을 지는 전문가나 숙련공에게 일을 맡기는 것은 첫 번째 방법이고, 직원들이 한 두가지의 반복적 업무를 수행하는 경우는 두 번째 방법이다.

첫 번째 방법은 사람을 기준으로 그 사람의 숙련도, 전문기술성의 정도에 따른 분화의 방법이고, 두 번째 방법은 직무를 기준으로 하여 업무를 분담하는 방법이다. 일상적이고 획일적인 업무는 둘째 방법에 속하기 쉽고 비일상적이고 변화가 많은 업무는 첫 번째 방법에 속하는 것이 보통이다. 요컨대 수평적인 분화는 직무의 종류 또는 숙련도의 정도에 따라 세분·할당하는 것이다. 부서조직은 직무의 종류에 따른 수평적 분화의 형태이고 계선조직과 막료조직은 직무의 전문성에 따르는 분화의 형태라고 볼 수 있다.

2) 수직적 분화

수직적 분화는 계층적 분화라 볼 수 있으며 따라서 계층의 높이로써 측정될 수 있다. 즉 조직 내에 있는 계층의 수, 계층깊이를 수직적 분화의 지표로 삼을 수 있다. 구체적으로 감독층의 수, 관리직의 장과 생산직 직원 사이의 직위의 수, 가장 높은 부서에서의 계층의 수와 조직 전체로서의 계층의 수의 평균, 최고관리자와 하급관리자 사이의 직위의 수를 수직적 분화의 지표로 할 수 있다.

수직적 분화의 지표로서 계층의 수를 사용할 때에는 계층구분에 부합되게 권한의 배분이 이루어지고 있는가 하는 문제를 고려해야만 한다. 즉 권한이 계층에 따라 분배됨으로써 계층이 높아지면 권한도 높아져야 하는 것이다. 조직에 따라서는 높은 계층의 경우에도 권한이 그에 상응하지 않는 경우도 있다. 수직적·수평적 분화가 되면 될수록 통제·의사전달·조정·인간관계 등이 복잡해지고 조직상에 많은 문제들이 수반되게 된다.

3) 공간적 분산(장소적 분산)

공간적 분산은 수평적 분화 또는 수직적 분화의 한 형태일 수 있다. 즉 직무활동과 직원의 수평적·수직적 기능에 따라 권한 책임의 분리가 일어나고 이에 따라서 공간적으로 분산될 수 있는 것이다. 즉 장소의 분화·변동이 일어날 수 있다.

예컨대 현장사무소나 현지공장의 설치와 같은 것이 그 예이다. 조직이 동일한 분업과 계층을 가지고서 상이한 장소에서 동일한 기능을 수행할 수 있다고 인식될 공간적 분산이 일어난다고 볼 수 있다. 따라서 수직적·수평적 분화가 동일하다고 하더라도 공간적으로 분산된 활동의 성장은 조직의 복잡성을 증가시키는 것이다.

2. 공식화(formalization)

공식화란 조직이 어떠한 일을 누가, 언제, 어떻게, 수행해야 하는가에 대한 공식적 규정의 정도이다. 공식적 규정이 매우 정밀하고 엄격하게 되어 있는 조직도 있고 다소 느슨하게 규정되고 있는 조직도 있다. J.M. Pfiffner와 F.P. Sherwood는 구체적으로 문서화된 규칙·절차·지시·명령을 공식화의 정도로서 제시하고 있다. D.S. Pugh는 규칙·절차·지표 및 의사전달이 문서화되는 정도를 공식화라 하였고, P. Blau와 Mckinly는 문서화된 인사규칙의 유무를 공식화의 측정지표로 삼았다.

이상의 학자들이 제시한 관점에서 유추해 본다면, 공식화란 문서화로 이해할 수 있으며 결국 조직내의 직무에 대한 규칙설정의 정도, 이에 대한 문서화를 의미하는 것으로 볼 수 있다. 조직이 어떠한 일을 언제, 누가, 어떻게 해야만 한다는 것을 제도화시키고 문서화시킨 것이 공식화이다. 곧 문서화된 규칙의 수가 많을수록, 그리고 그 규칙이 엄격히 시행될수록 공식화의 수준은 높은 것으로 볼 수 있다.

공식화의 정도가 어느 정도인가 하는 것은 그 시대와 조직이 처하고 있는 상황에 따라 다르다고 볼 수 있으며 공식화의 중요성에 대한 인식도 시대에 따라서 다르다고 할 수 있을 것이다. 어느 정도로 공식화되는 것이 바람직한 것인가 하는 것은 획일적으로 규정지를 수 없고 그 상황에 따라서 해결할 수 있는 상황의 정의 또는 상황적응적 문제해결에 맡겨야 할 것이다. 즉 업무의 성격, 기술유형, 조직성원의 특성, 조직환경 등 여러 요인과 관련해서 공식화의 수준이 적절하게 될 때 조직의 효율성을 높이게 될 것이다.

3. 집권화(centralization)

집권화란 조직에 있어서 권력배분에 관한 것으로서 그 권력의 소재가 조직상층부에 있는 것을 말한다. 권력중추로부터 하위단위로 위임되는 것을 분권화라고 하며 여기서 권력의 위임은 권력의 포기와는 다른 것이며 권력의 위임자는 피위임자의 권력행사를 취소할 수 있는 최종의 권력을 요구한다.

이와 같이 집권화란 권력의 배분과 관련하여 조직계층상 어느 위치에 권력이 존재하는 것인가를 말하는 것이다. Robbins는 집권화란 의사결정의 권한이 어느 위치에 있는가를 의미하는 것으로 정의하고 조직에 따라서 고도로 집권화된 경우와 분권화된 경우로 구분하였다.

이 같은 집권화와 분권화는 연속선상의 것으로 이해되었다. 많은 경험적 연구에서 의사결정권을 집권화와 분권화의 지표로 삼았다. Child는 집권화란 계층제에 상급계층에서 대부분의 결정권한을 가지는 상태를 말한다고 하였고, Zaltman 등은 집권화라는 것은 권한과 의사결정의 위치와 관련하여 의사결정의 위치가 높을수록, 의사결정에 대한 참여가 적을수록 집권화의 수준이 높은 것이라고 하였다.

Litterer는 전부 또는 대부분의 중요한 결정이 한 사람 또는 소수인에 의해서 이루어질 때 집권화되었다고 한다. 이때의 결정은 조직계층의 최상층에서 이루어지는 것이며 의사결정이 하급계층으로 미루어져 하급관리자나 일반직급에서 결정할 수 있을 때 분권화되었다고 하였다.

제3절 조직구조형성의 원리

구조형성의 원리는 전통적 조직의 원리를 중심으로 전개되어 왔으며, 이후 인간관계론적 조직이론에서 공식구조 외에 비공식조직도 논의되기에 이르렀고, 한편으로는 위원회조직이 전개되어 왔으며 최근에 와서 애드호클래시(adhocracy) 등이 발전되고 있다(김원경, 1995:156-169; 이창원외 공저, 1999:486-518; 오석홍, 2006:289-296; 박연호, 2002:349-362; 김호섭외 공저, 1999:289-303; Stephen P. Robbins, 1983:209-225; John M. Pfiffner & Frank P. Sherwood, 1960:52-73; 유종해외 공저, 2000:179-181; 박용치외 공저, 2006:259-268; 권기성외 공저, 1999:443-497; 강용기외 공저, 2005:236-243; 한영춘외 공저, 1988:349-393; 위계점외 공저, 2003:338-341; 정인흥외 공저, 2002:220-223; 이종수외 공저, 2006:352-377; 유훈, 2000:302-332; 하상권, 2005:288-300; 박수영외 공저, 2005:234-244).

전통조직구조는 능률을 높일 수 있는 공식적 조직구조의 편성에 초점을 둔 것이었다. 그리하여 수직적 분화구조로서 계층제와 집권 · 분권, 수평적 분화구조로서 부처 편성기준과 계선 · 막료조직 · 통합구조로서 조정의 원리를 제시하였다. 이외에도 명령통일의 원리와 통솔범위의 원리는 수직적 분화구조, 분업의 원리는 수평적 · 수직적 분화구조와 관련되는 것으로 볼 수 있다.

이와 같은 조직의 원리(계층제, 통솔범위, 명령통일, 분업, 조정)와 계선과 막료조직의 원리, 부처편성기준, 집권과 분권의 원리에 따라, 모든 관계를 공식적 규정과 절차 및 조직도표로서 일목요연하게 표시하고자 하는 것이 전통적 조직구조모형이다.

이 같은 전통적 조직구조설계를 뒷받침하는 이론이 M. Weber의 관료제와 L. Gulick 등이 제시한 행정원리론이다. 이에 따라 행정의 제원리를 고찰하여 보고 관료제를 검토한 다음 공식·비공식구조, 위원회조직 등을 고찰하여 본다.

1. 조직의 원리

조직편성에 기본이 되는 조직원리로서 가장 많이 소개되고 있는 것이 ① 계층제의 원리, ② 통솔범위의 원리, ③ 분업(전문화)의 원리, ④ 명령통일의 원리, ⑤ 조정의 원리 등이다(한영춘외 공저, 1988:350-358; 이종수외 공저, 1994:313-322).

1) 계층제의 원리

가. 의의

계층제의 원리(principle of hierarchy)란 권한과 책임의 정도에 따라 최고정점에서 최하위에 이르기까지 등급화시키는 것을 말한다. 즉 상하의 계층을 설정하여 각 조직의 최상층으로부터 최저변에 이르기까지 계층간의 명령복종과 지휘감독체계를 확립하는 것이다. 행정조직은 수평적으로는 분업화되고 수직적으로는 각 계층이 설정된다. 따라서 조직전체는 하나의 사다리형을 이루게 된다. 이와 같이 계층제는 직무를 수직적으로 등급화하여 각 등급마다 책임과 권한을 부여하게 되며 이를 통하여 계층이 설정된다. 계층제가 확립되면 상위의 등급이 하위의 등급을 지배함으로서 지배와 복종관계가 이루어지게 된다. 이러한 지배와 복종의 관계는 체계적으로 명령에 입각해야 한다(백완기, 1984:169-174).

여기에서 필연적으로 발생하는 것이 책임과 권한의 위임문제인데, 각 등급계층의 권한의 행사는 책임수행을 위한 수단으로서 책임의 정도에 상당해야 한다. 그러나 궁극적인 책임은 최고책임자인 최고관리자(top manager)에게 귀결되며, 각 계층의 장도 위임된 권한에 대한 직접적인 책임을 지게 된다. 이러한 과정을 통해서 각 계층활동의 과정이 유기적으로 연속적으로 이루어지게 된다.

나. 계층제의 실현과정

계층제는 지도력(leadership), 권한의 위임(delegation of authority), 직무의 결정(functional definition)에 의하여 형성된다.

지도력은 구성원들로 하여금 조직목적달성의 방향으로 모든 노력을 집중시키도록 유도하는 능력을 말하며, 이는 법적 권한행사를 효율적으로 보완해 주는 역할을 한다. 즉 조직과 관리상의 모든 활동을 지도하는 능력, 조직 전체에 대한 책임과 권한을 가진 자들은 지도력을 발휘하여 계층제가 실현되도록 하여야 한다.

권한의 위임이란 하부구성원들에게 특정권한을 부여하는 것을 의미하며, 이 때 이중의 책임이 주어진다. 즉 권한을 부여한 상관은 권한을 위임받은 부하로 하여금 직무를 완수하도록 지휘감도할 책임이 있으며, 반면 권한을 위임받은 부하는 그 책임을 완수할 책임이 있는 것이다.

직무의 결정이란 책임과 권한을 각 계층에 배정하는 것을 말한다. 이와 같이 계층제는 지도력, 권한의 위임, 직무결정 등에 의해 형성되며 유지된다.

다. 계층제의 순기능과 역기능

(가) 계층제의 순기능 : 계층제는 다음과 같은 점에서 조직에 대하여 순기능을 하고 있다.

① 명령과 보고 및 권한위임의 통로를 형성한다.

② 의사소통의 통로가 된다.

③ 행정조직의 질서, 통일성 및 안정성 등을 확보할 수 있다.

④ 행정기관내부를 통제할 수 있는 기능을 갖는다.

⑤ 행정업무의 적정배분이 가능하다.

⑥ 책임소재가 명확하다.

(나) 계층제의 역기능 : 반면 계층제는 다음과 같은 역기능을 하는 문제점이 있다.

① 계층이 심화될 경우 의사소통을 방해하며 또한 끊임없이 변동하는 상황에 대하여 조직의 적응력을 상실하게 한다.

② 조직의 경직성을 초래하여 인간관계의 형성을 저해하기 쉽다.

③ 계층제는 직무수행을 위한 체계로서 보다는 인간을 지배하는 상하관계를 만들기 쉽다.

④ 엄격한 계층제는 인간의 개성을 상실케 하고, 조직구성원의 귀속감을 감소시키며, 융통성이 없는 경직화된 조직이 되기 쉽다.

⑤ 조직구성원으로 하여금 창의력을 발휘할 수 없게 하여 인간을 한낱 기계적인 전달도구로서의 역할만을 하게 하기 쉽다.

2) 통솔범위의 원리

가. 의의

통솔범위의 원리(span of control)란 한 사람의 상관이 직접 통솔할 수 있는 부하구성원의 합리적인 수를 말한다. 통솔범위가 제기되는 것은 인간이 가질 수 있는 관심의 폭(the span of attention)과 통솔능력에는 한계가 있고 또한 행정능률을 증가시키기 위해서는 직접 통솔할 수 있는 부하구성원수가 몇 명이냐와 관계가 있기 때문이다.

통솔범위에 관한 이론은 다양하게 나타나고 있다. 즉 통솔범위를 어떻게 정할 것인가의 문제에 대한 數字的 표시는 다음과 같다.

① 영국의 Haldane위원회에서는 내각구성원수의 적정수는 10-12명이라고 하였다.

② R.C. Davis는 일선감독자는 10-30명, 행정감독자는 4-5명이 바람직한 통솔범위라고 하였다.

③ V.A. Graicunas는 한 사람의 통솔자가 피통솔자수를 몇 사람으로 할 것인가에 관한 수리적 공식을 제시하고 그 수는 6명이 가장 적정범위라고 하였다.

그러나 H.A, Simon은 통솔범위에 대한 마술적인 숫자는 알 수 없다고 하여 비판하였으며, 통솔범위를 숫자로 확정하는 것은 조직을 너무 기계적으로 보는 것이며 경험과 실제에서 벗어난 것이다.

나. 통솔범위의 결정요인

통솔범위는 다음과 같은 요인에 따라서 달라질 수 있다.

① 시간적 요소 : 신설조직의 책임자는 기성조직의 책임자보다 통솔범위가 좁아진다.

② 공간적 요소 : 동일한 장소에 근무하는 사람을 감독하는 상관은 여러 곳에서 근무하는 사람을 감독하는 상관보다 통솔범위가 넓어진다.

③ 직무의 성질 : 다양한 직무에 대한 감독은 통솔범위가 좁아지고 단순한 직무에 대한 감독은 통솔범위가 넓어진다.

④ 감독자의 능력과 개성 : 능력있는 감독자는 많은 사람을 통솔할 수 있다.

⑤ 부하구성원의 자질 : 자질이 있는 부하구성원에 대한 감독은 용이하기 때문에 그 범위를 확대할 수 있다.

⑥ 부하구성원의 사기와 창의성 : 부하구성원의 사기가 높고 창의성이 있으면 많은 사람 등을 통솔할 수 있다.

⑦ 참모기능과 정보관리체제 : 훌륭한 참모가 있거나 정보관리체제가 갖추어져 있으면 더 많은 사람을 통솔할 수 있다.

⑧ 통솔범위와 계층제 : 통솔범위는 계층의 원리와 밀접한 상관관계가 있다. 즉 계층의 수를 줄이면 통솔의 범위가 넓어지고, 계층단계가 늘어나면 통솔의 범위가 좁아지게 된다.

다. 정부기관의 통솔범위(확대요인)

정부기관의 통솔범위는 일반적으로 확대되는 경향이 있다. 그 이유를 분석하면 다음과 같다.

① 행정수반이나 최고통치기관에 대해서만 보고하거나 책임지기를 원하게 되어 권한비대형의 帝國建設型 기관장이 많아지기 때문에 자연히 최고층의 통솔범위가 넓어진다.

② 새로운 행정활동의 발기자는 이것을 기존부서에 귀속시키려하지 않고 행정수반기관에 직속시키려 한다.

③ 압력단체는 자기들에게 유리한 행정을 원하여 독립기관의 설립을 기대한다.

④ 관리정보체제의 발달은 정부기관의 확대를 가져온다.

3) 분업의 원리(전문화의 원리)

가. 의의

분업의 원리(division of work)란 업무를 성질별로 나누어 한 사람에게 한가지 업무만을 맡기는 것을 말한다. 조직규모가 확대되고 업무처리의 전문성이 증가하면 할수록 분업이 요청되며 이것은 상부뿐만이 아니라 모든 계층에까지 적용된다. 분업의 원리는 일의 성질(기능)에 따라 분담시키는 것이므로 기능의 원리라고도 하며 분업화될 때 전문화되기 때문에 전문화의 원리라고도 한다(John M. Pfiffner & Frank P. Sherwood, 1960: 113- 151).

분업의 방법을 보면 조직의 최고관리층은 그들이 수행하는 기능에 따라 L. Gulick이 말한 POSDCORB(계획, 조직, 인사, 지시, 조정, 보고, 예산)의 원칙에 의하여 분업화된다. 또한 하급조직은 과학적 관리법의 基本動作에 따라 분업이 된다.

분업에는 각 부처별 · 국별 · 과별로 분업화되는 수평적 분업(횡적 분업)과 상급기관과 하급기관, 상급계층과 하급계층, 중앙과 지방 등과의 관계에서 분업화되는 수직적 분업(종적 분업)이 있다. 수평적 분업이란 효과적이고 능률적인 업무수행을 위하여 같은 계층상의 동료들 간에 조정과 협동이 잘 이루어지도록 업무의 종류에 따라 분업화시키는 것을 말하며, 수직적 분업이란 최상층에서 최하위의 계층에 이르기까지 업무의 정도에 따라 분업화시키는 것을 말한다.

나. 분업의 필요성과 한계

가) 필요성 : 다음과 같은 점에서 분업이 필요하다.

① 사람은 성격 · 능력 · 기술의 차이가 있으므로 전문화를 통하여 업무의 능률적 수행이 가능하다.

② 동일한 사람이 같은 시간에 두 곳에서 일할 수 없고 동일한 사람이 동일한 시간에 두 가지 일을 할 수 없다.

③ 한 사람이 습득할 수 있는 지식과 기술에는 한계가 있다.

④ 업무의 전문화는 조직을 합리적으로 편성하며 인간의 능력을 기계적으로 이용할 수 있다.

나) 한계(비판) : 그러나 분업은 다음과 같은 점에서 문제가 있다.

① 분업은 단순업무를 반복시킴으로써 흥미와 창조적 정신을 빼앗게 한다.

② 권태감을 일으키기 쉽다.

③ 개인의 업무수행을 통한 자아실현욕구를 저해한다.

④ 지나친 분업은 각 단위의 조정을 어렵게 한다.

⑤ 분업은 소요시간 · 장소 · 기술의 제약을 받으며 세분화할수록 그에 따른 많은 자원이 소요된다.

⑥ 현대사회에 있어서 전문적 지식의 필요성이 분업을 촉진시키는 결정적인 역할을 하지만 지나친 전문화는 정부가 추진하는 문제에 대한 전체적 연관성을 고려하면서 그 전체를 파악하게 하는 것을 어렵게 할 위험성이 있다.

⑦ 전문화는 업무의 단순화 · 표준화의 과정을 지나 단순작업을 관례화시켜서 한 사람에게 한 가지 일만을 맡기기 때문에 인간의 기계화를 촉구할 뿐만 아니라, 인간의 개성을 무시하고 인간성을 상실시킨다는 비판을 받고 있다.

4) 명령통일의 원리

가. 의의

명령통일의 원리(unity of command)란 오직 한 사람의 상관으로부터만 명령을 받고 그 상관에게만 보고해야 된다는 것을 의미한다. Gulick은 여러 상관으로부터 명령을 받는 부하는 ① 혼돈을 일으키고, ② 비능률적이며, ③ 무책임하게 된다고 지적하였다. 이에 반하여 한 사람의 상관에게 명령을 받는 부하는 ① 능률적이고, ② 조직적이며, ③ 책임감이 있다고 하였다.

나. 비판

그러나 H. Simon이 명령통일의 원리는 신화에 불과하다고 비판하였던 바와 같이 명령통일의 원리는 다음과 같은 점에서 문제점이 있다.

① 명령통일을 강요한다면 모든 직원은 전문가, 즉 막료의 제안도 거부해야 한다.

② 상급기관의 어느 특정분야의 직원은 동일분야 전문가의 의견을 듣지 않을 수 없다.

③ 명령통일의 원리를 엄격히 지켜 모든 제시·제안이 반드시 공식계층을 통하여 이루어져야 한다면 공식적 의사전달의 통로는 과중한 부담을 가지게 되고 전문가의 영향력은 감소된다.

5) 조정의 원리

가. 의의

조정의 원리(principle of coordination)란 조직의 모든 구성원이 공동목적을 달성하기 위하여 행동통일을 이룩하도록 집단적 노력을 질서정연하게 배열하는 과정을 의미한다(John M. Pfiffner & Frank P. Sherwood, 1960:113- 151).

조정이란 일정한 목적을 향하여 조직체의 여러 구성원의 행동이나 여러 기능을 조화있게 조절하는 것을 말한다. H. Simon은 조정을 절차적 조정(procedural coordination)과 실체적 조정(substantive coordination)으로 구분하였다. 절차적 조정이란 조직단위의 목적을 설정하고, 그 목적에 따라 구성원에게 직무를 배정하면 구성원이 배정받은 직무와 직무간의 상호관계를 명백히 함으로써 조정하는 것을 말하며, 실제적 조정이란 조직단위의 활동내용을 조정하는 것을 말한다.

나. 조정과 다른 조직개념과의 관계

① 계층제와 조정 : 계층제는 조정의 수단이 된다. 즉 계층상의 상관이 조정을 할 수 있다.

② 명령통일과 조정 : 명령통일이 지켜질 때 조정은 쉬워진다.

③ 막료와 조정 : 막료가 조정을 하여 줄 수 있다.

④ 통솔범위와 조정 : 통솔범위가 너무 넓어지면 조정이 어려워진다.

⑤ 분업과 조정 : 지나친 분업은 조정을 어렵게 한다.

다. 조정의 저해요인

① 행정조직의 확산현상

② 행정기능의 전문화 경향

③ 사회적 이해관계의 대립과 행정에 대한 압력의 격화

④ 정치적 알력이나 대립

⑤ 조직의 목표와 구성원간의 이해관계에서 나타나는 차이

⑥ 전근대적인 사회구조경향(제1차집단)과 행정기관의 할거주의

⑦ 관리자 혹은 구성원의 조정능력부족, 리더십의 부족, 정보처리능력부족, 일반행정직과 전문직간의 갈등 등과 같은 조직의 내재적 요인 등이다.

라. 조정의 방법

① 목표에 의한 조정 : 조직구성원의 공동목표를 강조하여 달성하게 한다.

② 책임에 의한 조정 : 맡은 바 책임을 완수하도록 책임감을 고취시킨다.

③ 계층제에 의한 조정 : 상관의 명령과 중재 등, 계층구조가 갖는 권위에 의한 조정으로서 상관의 지도력과 통솔능력에 의해 조정될 수 있다.

④ 아이디어에 의한 방법 : 구성원들이 공감할 수 있는 좋은 아이디어를 제시한다.

⑤ 구성원의 참여 : 계획설정과 수행에 구성원을 참여시켜 소속감, 인정감을 갖고 자발적으로 직무를 수행할 수 있게 한다.

⑥ 위원회(기구)에 의한 방법 : 조직의 계층제가 갖는 경직성을 완화해 주고 합리적 의사결정을 하게 한다.

⑦ 막료에 의한 조정 : 막료가 조정책임자의 보조역할을 하여 그의 인격을 보완시켜 준다.

2. 부처조직의 설계

1) 부처조직의 설계의 의의

부처조직이란 정부의 업무를 수행함에 있어서 능률적이고 통일성 있는 행정을 확보할 수 있도록 행정수반의 지휘감독권 밑에 설치된 독임형의 단독제행정기관을 말한다. 행정권은 행정수반에게 속하나 정부의 업무를 행정수반 한 사람에게 전담시킬 수는 없다. 그럼으로 여러 사람에게 적절하게 업무분담을 시킴으로서 능률을 증가시킬 수 있게 한다. 또한 전체적인 통일성을 확보할 수 있도록 행정수반의 지휘감독권 밑에 부·국·과 등의 피라미드구조의 행정기관을 설치하게 된다. 그렇게 함으로서 국가정책의 효율적인 수행을 가능케 하며 국민에 대하여 봉사할 수 있는 체제를 갖출 수 있게 된다.

부처조직은 ① 모든 행정기관이 행정수반에게 통합되어 있는 통합형 조직이며, ② 부·처의 책임자는 단일인인 독임형 조직이라는데 그 특징이 있다(박용치외 공저, 2006:259-260; 정인홍외 공저, 2002:224-227; 하상군, 2005:297-300; 한영춘외 공저, 1988:359-363; 유종해외 공저, 2000:182-184; 김규정, 2002:362-364; 위계점 편저, 2004: 437-440; 박수영외 공저,2005:234-236).

2) 부처조직의 기준

부처조직을 편성하는 기준은 L. Gulick이 제시한 ① 목적 또는 기능, ② 과정 또는 절차, ③ 수혜자 및 취급물, ④ 지역 또는 장소 등 네 가지가 대표적이다.

(1) 목적 또는 기능(purpose or function)

가. 의의

목적 또는 기능을 기준으로 한 조직이란 동일한 종류의 사무(동일목적 또는 동일기능의 사무)는 동일부처에 전담시켜 처리하게 함으로서 기능상의 중복이나 부처간의 마찰과 간섭을 배제하려는 데 목적을 둔 조직을 말한다. 조직의 기능은 크게 정책결정기능(입법) 정책집행기능(행정) 그리고 법규해석기능(사법)으로 구분하는데, 영국의 Haldane회의는 목적에 따라 ① 재무, ② 외교, ③ 국방, ④ 조사 및 정보, ⑤ 생산수송 및 상업, ⑥ 고용, ⑦ 공급, ⑧ 교육, ⑨ 보건, ⑩ 사법 등의 10개 부문으로 나누고 있다.

나. 장단점

가) 장점

① 정부활동이 목적별로 명확히 구분되어 있기 때문에 국민들이 정부의 활동을 이해하기 쉽고 또 정부는 국민에게 정부의 활동상황을 쉽게 이해시킬 수 있다.

② 기능상 업무가 중복되지 않기 때문에 낭비와 부처간의 충동을 방지할 수 있다.

③ 목적별로 구분되어 있기 때문에 목적달성이 용이하다.

④ 책임소재가 명백하여 책임전가의 우려성이 없다.

나) 단점

① 국가의 업무를 기능별로 구분하여 기계적으로 분류를 한다는 것이 실제적으로는 그 한계가 모호하기 때문에 기능에 따라 세분하는 것은 사실상 힘들다.

② 목적에 치중한 나머지 행정과정·수단 및 기술을 무시하게 되어 이들을 활용하지 못하는 경향이 있다.

③ 각 부처가 주요 목적별로 분류되어 있기 때문에 각 부처의 구성원은 자기부처의 행정수행에만 집중한 나머지 타부처에 대하여는 배타적인 태도를 취하는 할거주의가 나타나기 쉬우며 이에 따라 부처간의 조정이 어렵게 된다.

④ 한 부처는 한 가지 기능의 업무만을 처리하기 때문에 여러 가지 기능을 지닌 일을 처리해야 할 국민으로서는 여러 부처를 상대해야 하기 때문에 정부와의 접촉이 복잡하고 어렵다.

⑤ 목적을 강조하게 되면 중앙집권화될 우려성이 있다.

(2) 과정 또는 절차(process or procedure)

가. 의의

과정 또는 절차를 기준으로 한 조직이란 행정목적의 수행을 위하여 필요한 수단이나 과정을 기준으로 편성한 부처를 말한다. 즉 동일한 도구를 사용하면서 동일한 직종에 종사하는 사람을 동일한 기관에 편입시켜야 한다는 기준이다. 이 기준은 예산·통계·법제·조달 등과 같은 보조기관이나 부처의 하위단위의 조직에 바람직한 기준이다.

나. 장단점

가) 장점

① 직종별로 통합되어 있기 때문에 최신의 기술을 활용할 수 있다.

② 대량생산이 가능하기 때문에 경비와 노력이 절약된다.

③ 직종에 대한 전문가를 활용할 수 있기 때문에 업무의 능률을 향상시킬 수 있다.

④ 전문적인 기술의 향상을 가져올 수 있다.

⑤ 기술에 따른 효과적인 분업·전문화가 가능하다.

⑥ 기술업무의 조정이 가능하다.

나) 단점

① 타부처와 관계에 있어서 시야가 좁고 전체적 상황파악을 하지 못하는 전문가에 의하여 조직이 운영됨으로 비협조적이고 부처간의 조정이 어렵다.

② 행정절차상 하나의 실패가 전부처에 영향을 미친다.

③ 전문성의 지나친 강조는 행정의 독선화와 민주적 통제의 곤란을 초래한다.

④ 목적보다 수단을, 내용보다 형식을 중시할 우려가 있다.

⑤ 부분적인 부처편성에는 기준으로 적용될 수 있지만 모든 행정사무의 분류기준으로 적합하지 않다.

(3) 수혜자 또는 취급물(clientle or material)

가. 의의

수혜자 또는 취급물을 기준으로 한 조직이란 행정행위로 인하여 혜택을 받는 사람인 수혜자나 취급되는 물건을 기준으로 하여 동일한 수혜자나 동일한 취급물을 다루는 행정은 동일행정기관에 편입시키는 것을 말한다. 국가보훈처 · 산림청 등이 이 기준에 의하여 조직된 기관이다.

나. 장단점

가) 장점

① 국민과 정부와의 관계를 밀접하게 하고 대정부 접촉이 쉬워진다.

② 국민에 대한 서비스를 집중시킬 수 있어 국민에 대한 철저한 봉사가 가능하다.

③ 동일업무의 반복으로 행정기술이 향상되고 관계업무의 조정이 용이하다.

④ 취급물의 생산량을 수적으로 표시함으로써 실적에 관한 책임을 명백히 할 수 있다.

나) 단점

① 부처가 지나치게 세분화될 우려성이 있다. Haldane위원회는 이 기준이 철저하면 아동부 · 소년부 · 장년부 · 노년부 등으로 나누게 되어 소인국행정이 된다고 비판하였다.

② 수혜자 및 취급물이 다양하기 때문에 조직편성이 복잡하고 소관업무가 중복되기 쉬워 부처간의 권한충돌을 유발하기 쉽다.

③ 수혜자에 의한 집중적인 압력을 받아 압력에 의한 행정이 될 우려성이 있다.

(4) 지역 또는 장소(territory or place)

가. 의의

지역 또는 장소를 기준으로 한 조직이란 행정수행의 대상지역이나 장소를 기준으로 하여 편성된 조직을 말한다. 행정활동이 수행되는 장소·지역을 기준으로 하여 부처를 편성하는 방법은 주로 부처내부 또는 일선기관의 조직방법으로 사용되고 있다. 지방행정조직이나 외무부의 아주국·미주국·중남미 또는 재무부 산하의 세관, 체신부산하의 체신청 등이 이러한 기준에 의한 조직이다.

나. 장단점

가) 장점

① 특정지역내에 있어서의 업무의 조정과 통제가 용이하다.

② 지역적인 특성에 맞는 행정을 가능케 한다.

③ 지역적인 한계내에서 행정을 하기 때문에 행정수요의 파악이 용이하다.

④ 지역사회의 종합개발을 수행하기 쉬워진다.

⑤ 행정에 지역주민의 요구와 소망을 반영할 수 있다.

나) 단점

① 전체적이고 통일적인 국가의 정책을 수립하기가 곤란하다.

② 지방유지의 압력에 의하여 행정이 좌우되기 쉽다.

③ 지역간 경계선을 합리적으로 획정하기 어렵다.

④ 지방적 이익에만 편중한 행정이 될 우려가 있다.

3. 집권과 분권

1) 집권

집권과 분권은 의사결정권이 조직계층상 어디에 존재하느냐의 문제이다. 집권이란 의사결정권이 조직의 상층부에 있는 것을 의미한다. 의사결정권이 조직의 상층부에 있다는 것은 책임과 권한의 소재도 조직의 상층부에 있다는 의미이다(한영춘외 공저, 1988:364-369; 유훈, 2000:350-364; 백완기, 1984:227-234)

2) 분권

분권이란 의사결정권이 조직의 하층부에 있는 것을 의미하며 따라서 책임과 권한이 조직의 하층부에 있다. 분권에는 조직내 분권과 조직간 분권이 있다. 조직내 분권이란 동일한 중앙관서내에서 또는 동일한 지방자치단체내에서 권한이 상급자로부터 하급자로 위임되는 것을 말하며, 조직간 분권이란 조직과 조직 사이에 일어나는 분권을 의미한다. 즉 중앙관서에 의한 하급일선기관에로의 권한위임이나 중앙정부에서 지방정부에 권한을 위임하는 것 등이 조직간 분권이다. 이 중에서 중앙정부와 지방정부 사이의 분권을 지방분권이라고 한다(정인홍외 공저, 2002:252-255; 신현기외 공저, 2006:207-208; John M. Pfiffner & Frank P. Scherwood, 1960:189-205; 하상군, 2005:617-623; 유종해외 공저, 2000:193-204; 김규정, 2002:391-415).

3) 집권과 분권의 촉진요인

가. 집권의 촉진요인

① 소규모조직 : 소규모조직에서는 상층부에서 모든 일을 할 수 있기 때문에 권한을 위임할 필요성이 없다. 따라서 소규모조직에서

는 조직의 최고정점에서 결정되어 수행된다(박연호외 공저, 2002: 376-389).

② 신설조직 : 신설조직의 경우 책임과 권한의 한계설정이 명확하지 못한 상태이며 또 부하들의 능력이나 태도를 알 수 없기 때문에 권한을 위임하지 않는다.

③ 위기의 존재 : 조직이 위기를 맞으면 신속한 결정과 대비책이 요구됨으로 집권화된다.

④ 개인적 리더십이 있는 경우 : 조직의 상층부에서는 능력있는 사람인 경우 의욕적으로 직접 수행하려 하는 경향이 있다.

⑤ 통일설·획일성의 요구 : 행정의 전체적인 통일성이나 획일성이 요구되면 권한을 상층부에 집중하여 직접 지휘·통솔하게 된다.

⑥ 행정관리의 전문화 : 전문적인 행정관리가 요구될 때 조직의 정점에서는 각 분야의 전문가를 막료(참모)로 임명하여 정점에서 직접적인 관리를 하게 된다.

⑦ 정보체계의 발달 : 현대전자기술의 발달에 힘입어 고도정보기술이 발달되었고, 또한 교통통신이 발달됨으로서 지방에까지 가지 않아도 중앙정보통제장치를 통하여 모든 정보를 수집·분석·평가할 수 있게 되었다. 따라서 하위조직계층이나 지방에 권한을 위임할 필요성이 없어졌다.

⑧ 경비의 효율적인 사용 : 경비를 효율적으로 사용하기 위해서는 조직의 상층부에서 효과적인 조정과 통제가 요구된다.

⑨ 특정활동의 강조 : 조직의 상층부에서 특별히 강조하는 분야는 직접 결정하게 됨으로 집권화된다.

⑩ 하위층의 능력부족 : 하위층에서 능력을 갖고 있지 못하면 권한위임을 할 수 없게 된다.

나. 분권의 촉진요인

① 상층부의 업무과중 : 조직상층부의 업무량이 과중되면 권한의 위임에 의하여 분권화된다.

② 신속한 업무처리 : 업무의 신속한 처리를 위하여 분권화 된다. 일선에서 업무를 수행하는 사람에게 권한이 없으면 상층부의 재가를 받아야 하며 이 때문에 시간이 지체된다.

③ 지방사정에의 적응 : 그 지방의 실정에 맞는 행정을 하기 위해서는 지방행정조직단위에서 직접 결정하여 수행할 수 있어야 한다.

④ 책임감의 강화 : 직접 결정하여 수행한 것에 대하여 책임감이 커진 된다. 따라서 책임의식을 강화시키기 위해서 분권화가 요청된다.

⑤ 관리자의 양성 : 관리능력을 키우기 위해서는 직접적인 결정을 하여 수행하고 그에 따른 책임도 인식하게 하여야 한다. 따라서 관리자의 양성을 위하여는 분권화되어야 한다.

⑥ 사기앙양 : 직접적인 결정권을 부여받을 때 상관으로부터의 인정을 받은 것으로 생각되며 긍지와 보람을 느끼게 되어 사기가 앙양된다.

⑦ 민주적 통제의 강화 : 국민의 행정부에 대한 통제는 국민들이 항상 접촉하는 일선담당자를 효과적으로 통제할 수 있어야 한다. 일선담당자에 대한 통제가 이루어지려면 일선담당자에게 권한이 주어져야 한다. 따라서 시민에 의한 민주적 통제를 위하여는 분권화되어야 한다.

제4절 계선조직과 막료조직

1. 계선조직의 의의

계선조직이란 계층제의 구조를 가진 조직으로서 정책을 결정 · 집행할 뿐만 아니라, 하급기관에 대하여 지휘명령을 함으로서 조직의 목적달성을 위하여 직접적으로 활동하는 조직을 말한다(김원경, 1995:156-169; 박연호, 2002:370-375; 유종해외 공저, 2000:205-207; 하상군,2005:315-318; 백완기, 1984:175-183; 위계점 편저, 2004:445-449; 한영춘외 공저, 1988:370-374; 권기성외 공저, 1999:463-466; 유훈, 2000:327-332; 김규정, 2002:371-376; 박용치외 공저, 2006:305-307; 정인홍외 공저, 2002:268-271).

계선조직은 지휘 · 복종관계에 의한 수직적인 계통을 중심으로 하여 정책결정 · 집행 · 명령 등을 하게 된다. 한편 계선조직은 행정활동의 결과에 대하여 직접 책임을 지게 되고, 대민접촉과 봉사가 직접적인 것이다.

2. 막료조직의 의의

막료조직이란 계선조직이 그 목적수행을 원활히 할 수 있도록 자문에 응하고 행정상의 제업무에 관하여 연구 · 조사 · 조언 · 건의 · 권고하며, 보좌 · 지원하는 조직을 말한다.

막료조직은 횡적이고 병립식조직으로서 각자가 그의 높은 식견과 전문지식으로 조직의 최고책임자를 보좌해 주고 지원해줌으로서 그의 활동영역의 확장을 가능하게 해 주며 계선의 부족한 점을 보완해주는 역할을 한다.

막료조직은 행정업무를 직접 수행하는 것이 아니라, 보좌한 계선의 장을 통해 그의 활동과 봉사가 인정됨으로 대국민 봉사활동이 간접적이고 또한 그 활동에 대해서도 간접적 · 윤리적인 책임을 질 뿐이다.

3. 계선조직과 막료조직의 장 · 단점

1) 계선조직의 장점 · 단점

가. 계선조직의 장점

① 책임과 권한의 한계가 명확하기 때문에 자기 업무에 대한 강한 책임의식을 갖게 되어 자발적인 업무수행을 위한 노력이 나타나게 됨으로써 행정상의 능률을 향상시키게 된다.

② 계선조직은 단일기관(unitary agency)으로 구성되어 있기 때문에 의사결정이 조직의 최고책임자 한 사람에 의해 결정됨으로 의사결정의 신속을 기할 수 있다.

③ 명령복종의 관계로 구성된 조직이므로 조직의 장은 강력한 통솔력을 발휘할 수 있고, 전체성과 통일성을 확보할 수 있는 행정을 가능하게 함으로서 행정과 조직의 안정성을 확보할 수 있다.

④ 계선조직은 단일조직으로 구성되어 있어서 인원이 적기 때문에 경비가 절약된다. 특히 단순업무를 처리하는 경우와 소규모 조직의 경우에는 한 사람의 지휘감독으로 업무를 충분히 수행할 수 있기 때문에 계선조직이 능률적이며 합리적이다.

나. 계선조직의 단점

① 융통성이 없는 경직화된 조직이 될 가능성이 높고, 폐쇄적이고 보수적이며, 관료제적 병리현상을 나타낼 우려성이 있다.

② 계선조직의 장은 타인의 의견과 객관적인 요인을 고려하지 않고, 오직 주관적이고 독단적인 결정을 할 우려성이 있다.

③ 조직의 장이 전체를 다 지휘감독하게 되어 있기 때문에 특히 조직이 대규모 조직인 경우에는 조직의 장의 업무량이 과중하게 된다.

④ 계층제내의 각 구성원은 자기에게 부여된 책임과 권한만을 고수하기 때문에 상호간의 조정과 협조가 잘 안되고 조직의 운영상 능률을 저하시키게 된다.

⑤ 특수분야 전문가의 지식과 경험을 활용할 수 없다.

2) 막료조직의 장점 · 단점

가. 막료조직의 장점

① 막료의 전문적인 지식과 경험을 활용함으로써 합리적이고 객관적인 의사결정과 지시 · 명령을 가능하게 한다.

② 막료의 자문 · 조언 · 권고 · 연구 등을 통하여 계선의 장의 활동영역을 넓혀 주고 통솔범위를 확대시켜 준다.

③ 수평적인 업무조정에 도움이 되고 협조관계를 증진시켜 준다.

④ 계층제가 갖는 경직성을 완화해 주고 융통성있고 신축성있는 조직이 되게 한다.

⑤ 계선의 과중한 업무를 덜어주게 되고 대규모조직에서 유용하게 활용할 수 있다.

나. 막료조직의 단점

① 인간관계가 복잡해지고 계선과 막료간의 반목과 대립이 파생될 우려가 있다.

② 인원의 증가로 예산의 증가를 가져온다.

③ 막료들도 계선상의 구성원들에게 직접 지시·명령을 내리는 경우가 있기 때문에 의사전달의 통로가 복잡해지고 직접적인 집행권을 갖고 있지 않기 때문에 책임을 전가시킬 우려가 있다.

④ 조직책임자의 활동영역을 넓혀 주고 통솔의 범위를 확대시켜 주는 장점이 경우에 따라서는 지나친 중앙집권화를 촉진시킬 우려가 있고 조직이 비대해질 우려성 있다.

⑤ 소규모조직에서는 적합하지 않다.

4. 막료기관의 유형

막료기관의 유형구분은 학자에 따라 다양하다. P. Holden과 H. Smith 및 L. Fish는 미국의 26개 기업체를 연구한 결과 통제형 막료, 봉사형 막료, 조정형 막료, 조언형 막료의 4종류가 있다고 하였다. 그러나 일반적으로는 자문형 막료(advisory staff), 봉사형 막료(service staff)로 구분할 수 있다.

자문형 막료란 개인 또는 조직전체의 자문에 응하고 건의·조언·권고함으로써 정책결정과정에서 조직의 장을 지원·보좌하는 막료를 말한다.

봉사형 막료란 정책을 집행하는 과정에서 지원·보좌하거나 조직경영을 원활히 할 수 있도록 보좌하는 막료를 말한다. 봉사형 막료는 하나의 보조기관(auxiliary agency)으로서 현조직을 유지하기 위하여 마치 집안살림을 맡아보는 것 같은 역할을 하는 가사적 기관

(house-keeping agency)이며, 또한 계선에 대하여는 전문적인 지식과 기술업무를 담당하여 보조하는 보조기술막료(auxiliary technical staff)이다.

자문형 막료는 사색하고 계획하고 권고함으로서 정책결정에 참여하고 있으나 집행권을 갖고 있지 않는 반면에, 봉사형 막료는 정책결정과는 무관하지만 현조직 유지에 필요한 집행권을 가지고 있음이 그 특징이 된다. 군대에서는 자문형 막료를 일반참모(general staff), 봉사형 막료를 특별참모(special staff)라고 한다.

H. Simon은 계선과 막료의 엄격한 구분은 불가능하다고 하였다. 우리나라에 있어서 자문형 막료로서는 경제과학심의회의 · 국가안전보장회의 · 특별보좌관 · 국무총리실의 기획조정실 · 행정개혁위원회 · 각 부처의 담당 · 각계층의 비서실 등을 들 수 있으며, 봉사형 막료로서는 대통령경호실 · 조달청 · 국세청 · 법제처 · 총무처 · 각 부처의 총무과 등을 들 수 있다.

제5절 관료제

C.E. Merriam이 지적한 바와 같이 관료제의 개념은 명확하지가 않다. 즉 학자에 따라 상이한 정의를 내리고 있다. 그러나 대체적으로 합리적인 관점에서 대규모조직을 관료제로 보는 M. Weber 등의 이론과 병리적이고 정치권력적인 관점에서 보는 H. Laski 등의 이론으로 양대분할 수 있으며 한편 F. Riggs와 같이 구조적인 면과 기능적인 면에서 설명하는 것을 볼 수도 있다(Stephen P. Robbins, 1983:189-208; 오석홍, 2006:297-302; 유종해외 공저, 2000:208-221; 유훈, 2000:284-301; 위계점 편저, 2004:467-472; 한영춘외 공저, 1988: 375-383; 하상군, 2005:305-314; 정인홍외 공저, 2002:110-125;백완기,

1984:79-98; John M. Pfiffner & Frank P. Sherwood, 1960:96-112; 권기성외 공저, 1999:4469-478; 김규정, 2002:307-328; 이종수외 공저, 1994:335-346).

1. 구조적 입장

M. Weber의 견해를 중심으로 한 관료제에 대한 이론은 구조적인 측면에서 보는 관점이다. 즉 관료제란 계층제의 형태를 지니고 합리적·합법적 지배가 제도화 되어 있는 대규모조직을 의미한다. 산업사회의 발달과 더불어 고도화되고 복잡한 현대사회적인 문제를 해결하기 위해서는 합리성과 이를 바탕으로 한 규칙에 의하여 계층제구조의 대규모조직을 편성하고 규칙(합법성)을 바탕으로 하여 지배될 것이 요청되었다. 이와 같이 합리성과 합법성에 근거하여 계층제구조가 제도화되고 지배되는 대규모조직이 곧 관료제라는 것이다.

2. 정치권력적 입장

H. Laski, H. Finer 등과 같이 정치권력적인 입장에서 본 관료제는 통치구조를 관료제로 본다. 즉 역기능적이고 병리적인 관점에서, 관료제란 특권층을 형성한 관료집단이 통치권력을 장악하고 있는 상태의 통치구조를 의미하는 것으로 본다. 정치권력을 장악한 특권층이 중심이 되어 정부를 좌우하는 권력집단을 형성한 것이 곧 관료집단이라고 한다. 그들은 비판적인 관점에서 관료제를 정의하였다.

3. F. Riggs의 견해

F. Riggs는 구조적인 면과 기능적인 면으로 구분하여 관료제를 보고 있다. 즉 구조적인 면에서는 ① 보편성(universality), ② 계층제(hierarchy) 및 의사결정의 센터(center of decision making)가 있다는 것이며, 기능적인 면에서는 ① 합리성, ② 병리성, ③ 권력성을 지니고 있다는 것이다. 보편성을 지니고 있기 때문에 공사관료제가 모두 포함된다. 계층제의 피라미드구조에 의하여 의사결정의 정점을 형성하기 때문에 병원과 같이 의사결정의 정점이 없으면 관료제가 아니라는 것이다.

그러나 기능적인 면에서 볼 때 한편으로 합리성을 지니고 있으며 다른 한편 병리성과 권력성도 지니고 있다는 것이다. F. Riggs는 이와 같이 M. Weber를 중심으로 한 합리적인 측면과 Laski를 중심으로 한 병리적이고 권력적인 측면을 통합한 종합적 이론을 전개하였다.

4. 관료제의 수정이론

합리적인 관점의 M. Weber의 이론에 대하여 수정하고자 하는 이론이 1930년대의 사회학자들과 1960년대의 발전론자들에 의하여 제기되었다.

1930년대의 R. Merton, P. Blau, P. Selznick등에 의해서 제시되었다. R. Merton은 관료제에는 훈련으로 인해서 무능력하게 되어 역기능적 요소가 나타나기 쉽다는 동조과잉(overconformity)현상을 제시하였다. 따라서 관료제의 이러한 병리적이고 역기능적인 측면을 그 개념 속에 포함시키기 위해 관료제의 개념을 수정하여야 한다고 하였다.

P. Blau는 관료제에는 합리적인 면만 있는 것이 아니라 감정과 같은 비합리적인 측면과 이를 바탕으로 한 비공식적인 측면이 있다는 점을 강조하였다. 그럼으로 관료제의 비합리성과 비공식적 요소를 그 개념에 포함하여야 한다고 하였다.

P. Selznick도 새로운 수정론을 제시하였다. 즉 베버의 관료제이론은 조직내부적인 측면에서의 합리성을 강조하고 있으나 그 관료제집단은 외부환경으로부터의 영향을 받을 수밖에 없다는 점을 고려하여 관료제 개념 속에 이와 같은 환경과의 관계가 포함되어야 한다는 것이다.

1960년대의 발전론자들에 의하면 베버의 이론은 변동이나 발전을 다룰 수 없는 보수적인 이론이라고 지적하고 현대사회의 급격한 변화에 대처하고 변동을 유인하여 발전으로 이끌기 위해 베버의 관료제개념은 수정되어야 한다고 주장하였다.

이외에도 다양한 수정이론이 제시되고 있는 바, ① 유기적 · 상황적응적 조직(adhocracy), ② 조직과 인간의 통합(맥그리거의 Y이론), ③ 조직의 민주화(참여와 분권화에 의한 조직), ④ 행태과학의 지식을 이용한 조직의 계획적 변화(조직발전) 등이 그것이다.

5. 관료제의 특징

관료제의 특징은 M. Weber의 이론을 중심으로 하여 검토할 수 있다. 산업사회의 발달에 대처하고 유지 · 관리 · 발전되기 위한 제도로서 합리성과 합법성을 근거로 한 대규모조직의 필요성이 불가피한 현상의 하나로 나타나게 되었으며 이것이 관료제라는 것이다.

1) M. Weber이론의 특색

베버이론의 특색은 이념형·보편성 및 합리성으로 요약될 수 있다. 이념형으로서 관료제는 현존하는 관료제의 속성을 제시한 것이 아니라 다만 관료제의 가장 특징적인 점만을 추려서 구성한 가설적이고 추상적인 형태이다. 따라서 이러한 의미의 관료제는 현실적으로 반드시 그대로 적용될 수 있는 것은 아니며 오히려 이념적·이상적인 모형을 전제로 한 이념형이라고 할 수 있다.

베버이론의 또 하나의 특색은 관료제의 보편성을 강조한 것이다. 즉 국가기구 뿐만 이니라 교회·군대·정당·사기업체 등 대규모조직이면 모두 다 관료제적 구조가 갖추어져 관료제적 기능으로 운영되는 보편성을 지니고 있다는 것이다. 베버의 관료제의 또 하나의 특색은 합리성이다. 즉 관료제(모든 대조직)는 구조는 인적·물적 자원을 효율적으로 운영할 수 있도록 합리적으로 조직·편제해야 한다는 것이다.

2) 지배유형

M. Weber는 관료제이론을 형성하기 위해서 지배유형을 논하고 있다. 그는 지배유형을 ① 전통적 지배, ② 카리스마적 지배, ③ 합리적·합법적 지배로 구분하고 있다.

전통적 지배란 전통에 의하여 권위가 부여된 지배자가 전통적 개념을 가진 시민을 지배하고 있는 것을 의미하고 있는 것으로, 예컨대 절대군주국가의 주권에 의한 지배나 우리나라에 있어서 조선왕권에 의한 지배 및 유교적 전통에 의한 지배 등이 그것이다.

카리스마적 지배란 특정인물의 신격화된 또는 초인적인 힘에 의거하여 지배하고 시민은 그에 맹종하는 관료로서 성립되는 지배형태이다. 즉 히틀러의 통치, 스탈린의 지배형태가 그것이다.

합리적·합법적 지배란 법적 적합성에 근거하여 지배하는 형태, 즉 법에 의하여 지배와 복종의 관계가 성립된 형태의 지배를 의미한다. 근대사회의 특징은 법치국가의 합법적 지배이며, 합법적 지배의 대표적인 형태가 관료제에 의한 지배이다.

3) 관료제의 병리

가. 법규의 강조와 병리성

관료제는 조직의 목표를 능률적·합리적으로 합법적 절차에 의하여 수행하려는 제도이지만 법규를 지나치게 강조한 나머지 목표보다 법규수준에 공급하게 되는 ① 동조과잉(overconformity)현상이 나타나고, ② 형식주의·서면주의·繁文縟禮(red-tape)를 초래하며, ③ 목적보다 수단을 중시하여 목적과 수단의 우선순위가 바뀌는 목표의 전환현상이 일어나며, ④ 법규만능사상, ⑤ 무사안일주의현상이 나타난다.

나. 관료제외적인 가치추구와 그 병리

관료제는 공·사의 엄격한 구분을 특징으로 하고 있으나 과료제를 구성하고 있는 사람은 관료제의 합리성에 의해서 기계적으로 따르는 것이 아니라 인간이기 때문에 의식적·무의적으로 인간적인 가치(이는 관료제가 요구하는 것은 아니기 때문에 관료외적인 가치이다)를 추구하게 된다. ① 권력과 지위의 추구, ② 비밀주의 , ③ 파벌주의와 자기세력의 형성, ④ 출세주의, ⑤ 아첨·오직등의 현상, ⑥ 공익외면의 사익추구현상, ⑦ 선례의 답습, ⑧ 획일주의, ⑨ 책임회피, ⑩ 독선주의 등이 나타난다.

다. 인격과 인간성의 상실 및 인간기계화

관료제 구성원은 관료제구조내에서 주어진 책임과 권한을 행사하는 기계적인 장치로서 사적인 욕구의 추구는 인정되지 않는 조직의 부속품과 같아서 조직에서 인격과 인간성을 상실하기 쉽다. 더욱이 직무의 단조로움, 조직목표에 대한 인식부족 등으로 인하여 조절감·권태감·욕구불만 등이 발생할 가능성이 있다.

라. 변동에 대한 저항

관료제는 독선주의적·소극적·보수적 성향을 지니고 있으므로 변동에 적응할 능력이 없을 뿐만 아니라 때로는 변동·발전·혁신·개혁·쇄신 등에 대하여 저항하는 보수집단의 성향을 나타낸다. 특히 변혁의 물결이 파급되면 개별적인 비밀이나 사적 세계가 없어질 뿐만 아니라, 혁신적 물결을 급속하게 흡수하기가 어렵기 때문에 새로운 사회변동과 개혁에 저항하려는 경향이 있다.

4) 관료제의 쇄신

쇄신(innovation)이란 기존의 사회목적을 새로운 방법에 의하여 달성하거나 전혀 새로운 사회목적을 달성하기 위한 방법을 강구하는 것을 말한다. 따라서 관료제의 쇄신이란 관료제 조직의 목적을 새로운 방법으로 달성하려고 하거나 또는 관료제 조직의 목적을 전혀 다른 것으로 바꾸어 달성하려고 하는 것이다. 이를 위해서 조직의 구조나 풍토, 구성원의 가치관이나 업무수행의 절차, 방법 등을 새롭게 하는 것이다. 관료제 조직은 여러 가지의 병리현상이 나타나고 보수적 성격을 지니고 있어서 그 역할을 제대로 수행하지 못하거나 엉뚱한 방향으로 유도될 수 있다. 따라서 이같은 병리현상이나 보수성을 극복하여 조직의 목적을 효과적으로 달성하고 국가

발전의 역할을 다할 수 있도록 하기 위해서 관료제에 대한 쇄신이 필요하다고 하겠다. 관료제 쇄신을 위해서는 쇄신적 분위기가 조성되어야 한다. 관료제의 쇄신을 위하여서는 다음과 같은 조건이 충족되어야 한다.

① 최소한의 고용과 안정성

② 업무조건에 대한 직업의식

③ 구성원의 충성심을 일으키는 업무집단의 확립

④ 업무집단과 관리층간의 갈등의 제거

⑤ 저해요인을 제거하려는 조직상의 요구

V.A. Thompson은 관료제조직이 능률적이기는 하나 쇄신능력이 결여된 조직이라고 지적하고 사회변동에 대처하기 위해서는 쇄신적인 조직으로 변화되어야 하는데, 그 쇄신을 위해서는 우선 쇄신적 분위기의 조성이 중요하다고 하였다.

제6절 공식적 조직과 비공식적 조직

1. 공식적 조직과 비공식적 조직의 의의 및 특징

공식조직이란 법률 또는 규정에 의하여 인위적으로 제도화시킨 조직을 말한다. 비공식조직이란 공식적 조직내에서 현실적인 인간관계에 입각하여 자연발생적으로 형성된 조직을 말한다. 공식적 조직과 비공식적 조직의 개념을 명확히 하기 위하여 그 차이점을 살펴보면 다음과 같다(김원경, 1995:170-172; 박연호외 공저, 2002: 363-369; 유종해외 공저, 2000:185-187; 유훈, 2000:410-411; 백완기, 1984:107-115; 김규정, 2002:293-299; 권기성외 공저, 1999:478-482; 위계점외 공저, 2003:347-350; 한영춘외 공저, 1988:384-387; 정인홍외 공저, 2002:260-263; 박용치외 공저, 2006:284-287; 하상군, 2005:319-322; John M. Pfiffner & Frank P. Sherwood, 1960:52-73).

① 공식적 조직은 외면적·외재적이고 가시적인 조직인데 반하여, 비공식 조직은 내면적·내재적이고 불가시적인 조직이다.

② 공식적 조직은 규칙·규정·편람 등에 의하여 명문화된 제도적·인위적 조직인데 반하여, 비공식조직은 자연발생적으로 생성된, 성문화되지 않은 비제도적 조직이다.

③ 공식적 조직은 제도화된 계층구조를 중심으로 한 조직으로서 법적으로 권한의 배분이 이루어지지만, 비공식적 조직은 현실적인 인간관계를 바탕으로 한 조직으로서 공식적인 권한의 배정이 이루어지지 않는다.

④ 공식적 조직은 능률성과 합리성이 전제된 행동으로 나타나지만, 비공식적 조직은 현실적이 인간관계에서 생기는 감정의 일치가 이루어질 때 비로소 나타나는 조직이다.

⑤ 공식적 조직은 하나로 일관된 전체질서를 요구하는 조직이고, 비공식조직은 공식조직 내에서 여러 개가 존재할 수 있는 것으로서, 각각의 비공식조직은 서로 다른 부분적 질서를 추구하는 조직이다.

⑥ 공식적 조직은 하나의 목표를 추구하는 조직인데 반하여, 비공식적 조직은 여러 목표를 추구하는 특수조직이다.

⑦ 공식적 조직은 성문화된 규정에 의하여 편성·운영되기 때문에 정적인 조직이라고 한다면, 비공식적 조직은 현실적인 인간관계를 중심으로 생동하는 동태적 조직이다.

2. 비공식적 조직의 순기능과 역기능

조직에 있어서 비공식적 조직을 연구하는 목적은 비공식조직이 공식조직의 목표달성에 있어서 어느 정도 기여할 수 있는가를 파악하여 활용하고자 하는 데 있다. 비공식적 조직이 조직의 목표달성에 기여하는 기능을 순기능이라고 하고, 이에 저해되는 기능을 역기능라고 한다.

공식적 조직과 비공식적 조직의 목표가 일치된 경우 순기능을 하게 되어 능률적인 행정이 이루어지겠으나, 그렇지 못할 경우 조직의 목표를 달성치 못함은 물론 조직의 파괴를 몰고 올 역기능을 초래하게 된다. 이러한 의미에서 비공식적 조직의 순기능과 역기능을 고찰할 필요가 있다.

1) 순기능

① 비공식적인 인간관계를 통해서 자유스러운 의사소통이 가능하기 때문에 행정의 민주화에 기여할 수 있다.

② 정적인 조직에서 동적인 조직으로 변화하게 하여 능률만을 강조하는 기계적이고 비인격적인 합리주의적 조직에서 오는 모순과 폐단을 수정 또는 보완함으로써 공식조직의 경직성을 완화하고 결함을 보완할 수 있다.

③ 능률은 물적 환경만으로 이루어지는 것이 아니라, 조직의 구성원이며 행정의 주체인 인간의 심리적·사회적 만족에서도 이루어지기 때문에 비공식조직은 조직의 능률화에 기여하게 된다.

④ 조직구성원이 귀속감·인정감을 갖게 됨으로서 사기가 높아지고 심리적 안정감을 갖게 되어 조직의 안정을 기할 수 있다.

⑤ 조직구성원의 욕구불만에 대한 발산처로서의 역할을 하기 때문에 불만에서 만족을 얻어, 다시 새로운 의욕을 북돋아 주는 역할을 한다.

⑥ 비공식조직은 공식적 조직이 제도적인 규칙 및 절차 등에만 집착한 나머지 진부한 상태와 퇴보를 야기시킬 위험이 있는 데 활기를 넣어 줌으로써 발전적인 생동감을 주는 역할을 한다.

⑦ 비공식적 조직의 자유스러운 의사전달을 통하여 정보의 신속을 기하거나, 알 수 없었던 정보까지 알 수 있게 된다.

⑧ 비공식적인 인간관계를 통하여 공식적 지도자의 능력을 보완할 수 있다.

⑨ 비공식적 조직의 자유스런 의사전달을 통하여 공식조직 내의 문제점이 발견되고 공식조직에 쇄신적인 분위기를 조성하게 된다.

⑩ 지식과 경험을 공유하여 업무대행능력을 향상시킨다.

2) 역기능

① 비공식적 조직이 조직 상층부의 요구를 거절하고 자기들 스스로가 수립한 집무수행방법을 고집할 경우, 적대적인 태도를 취하게 되어 조직의 기능을 발휘할 수 없게 하고, 이와 같은 적대감정이 비공식적 조직을 지배할 경우 비공식적 조직의 응집력이 강화되어 더욱 더 심한 역기능을 초래하게 된다.

② 비공식적 조직의 구성원은 비공식적 조직의 구성원이기 때문에 받을 지도 모르는 승진의 제한·면직 또는 좌천·장래에 대한 공포 등으로 심리적 불안감을 갖게 되고, 개인의 불안과 개인의 의사를 조직전체의 불안으로 확대시킬 우려성이 있다.

③ 비공식적 의사전달이 공식적인 의사전달을 오도하거나 혹은 그릇된 의사를 전달함으로서 조직의 활동을 잘못 유도할 수도 있다.

④ 정실주의가 만연될 가능성이 있다.

⑤ 계획이 사전에 누설되거나 직원 혹은 간부의 사생활이 유포되어 사기를 떨어뜨리고 불필요한 불안감을 가져올 염려가 있다.

⑥ 비공식적 접촉을 통하여 개인의 이해와 관련된 정치적인 활동을 하게 될 우려성이 있어 행정의 정치적 중립성을 저해한다.

⑦ 비공식적 조직은 사집단화되어 압력단체의 역할을 할 우려가 있다.

3) 비공식적 조직에 대한 통제

비공식적 조직에 대한 통제는 비공식적 조직이 순기능을 할 경우에는 격려 · 유도 · 지원하고, 역기능을 할 경우에는 순기능에로의 전환을 유도하거나 이것이 불가능할 때 파괴하는 과정이라고 할 수 있다.

통제를 하기 위해서는 우선 비공식적 조직을 발견하여 그 성격과 동향을 분석하여야 한다. 즉 비공식적 조직이 조직의 목표달성에 기여하는 양성적 집단인가, 조직의 활동을 저해하는 음성적 집단인가를 판별하여 양성적 집단인 경우, 그 구성원으로 하여금 동일한 장소에 근무케 하여 능률을 향상시키고, 음성적 집단인 경우 이에 대한 적절한 통제가 필요하다. 즉 비공식조직에 대한 통제란 곧 음성적 집단에 대한 통제를 의미한다고 할 수 있으며, 음성적 집단에 대한 통제의 수단은 다음과 같다.

① 어느 조직에서도 비공식적 조직은 존재하기 마련이기 때문에 억압하는 것은 바람직하지 못하며, 관리자는 불만의 원인을 분석하여 이해와 설득으로써 불만을 제거하고, 관리자와 비공식적 조직의 구성원과의 대립과 알력을 해소하도록 노력하여야 하며, 그렇게 함으로써 불안감 · 긴장감을 제거시켜야 할 것이다.

② 또한 비공식적 조직의 목적과 이익이 공식적 조직의 이익과는 원래 양립하는 것이 아니라 일치되는 것이라는 인식을 갖도록 이해·설득시켜야 한다.

③ 전술한 바의 수단으로 통제가 불가능한 것으로 판단될 때에는 직무절차 및 직무내용을 변경시켜 비공식적 조직의 관례를 악화시키거나 비공식조직의 지도자의 접촉, 구성원의 전직, 격리, 분산에 의하여 상호 접촉을 제한시킴으로써 비공식 조직을 와해시켜야 한다.

제7절 위원회조직

1. 위원회조직의 의의

여기서 위원회조직은 전통적 위원회조직을 말하는 것으로 이는 여러 사람으로 구성된 합의제기관을 말한다. 이는 조직에 있어서 1인에 의한 단독적인 결정과 행위에서 오는 폐단을 방지하고, 중지를 모아서 합리적인 결정을 함으로써 계층제의 경직성을 완화하고 조직의 운영과 의사결정에 민주성을 확보하려는 데 목적이 있다(김원경, 1995:170; 백완기, 1984:184-1189; 김규정, 2002:377-382; 유훈, 2000:365-383; 한영춘, 1988:388-393; 위계점 편저, 2004:455-459; 하상군, 2005:323-327; 박용치 외 공저, 2006:288-290; 권기성외 공저, 1999:482-489; 유종해외 공저, 2000:226-228; 정인흥외 공저, 2002: 272-275).

정부는 종종 특수분야의 업무를 담당할 필요성이 생길 경우가 있고, 또는 일시적인 업무를 담당하게 되는 경우도 생긴다. 이와 같이 정상업무가 아닌 특수업무라든가 일시적인 업무를 담당하기 위하여 계층제조직과는 별도로 위원회조직을 설치하게 되는 것이다. 이 위원회조직은 조사·연구·조정·자문·건의 등에 관한 기능 뿐 아니라, 경우에 따라서는 준입법적·준사법적 기능까지도 가지고 있다. 위원회는 계층제의 경직성을 수정·보완해 주는 것 이외에도 전문가들로 구성된 다수의 위원에 의한 합의로서 결정이 이루어진다는 의미에서 민주적 조직이라는 데 그 의의가 있다.

2. 위원회조직의 장·단점

1) 장점

① 중지를 모은 결정과 민중통제 : 각 위원들이 국민의 여론을 집약하여 중지를 모은 결정을 함으로서 계층제에서의 독단적인 의사결정에서 오는 병폐를 방지할 수 있을 뿐만 아니라 민중통제를 가능케 함으로서 민주행정을 실현할 수 있다.

② 신중하고 공정한 결정과 창의성있는 결정 : 위원회조직은 신속하고 능률적이지는 못하나 집단적인 판단에 의해 신중하고 공정한 결정을 할 수 있고, 여러 사람에 의해 창의성있는 결정을 할 수 있다.

③ 우호적인 인간관계의 확보와 조정의 증진 : 위원회조직에서의 구성원들은 상호 빈번한 접촉과 토의로 의사결정을 하기 때문에 우호적인 인간관계를 가질 수 있으며, 합리적인 조정을 증진시킬 수 있다.

④ 전문지식의 활용 : 전문가를 위원으로 구성할 경우 전문지식을 활용할 수 있으므로 합리적인 결정에 도달할 수 있다.

⑤ 정치적 중립성 : 정당이나 정치에 관여하지 않는 인사나, 정당의 유력한 대표자로 위원회를 구성하여 힘의 균형을 유지함으로서 행정의 정치적 중립성을 확보하고 계속성을 지닐 수 있어서 행정의 안정을 유지할 수 있다.

⑥ 다수의 지지획득 : 위원회의 결정은 다수의 의견을 종합·반영하여 이루어지기 때문에 보다 많은 사람의 지지를 획득할 수 있다.

⑦ 행정의 계속성과 안정성 : 위원의 교체를 부분적으로 하여 행정의 계속성을 유지할 수 있고 따라서 행정의 안정성을 기할 수 있다.

2) 단점

① 시간과 경비의 낭비 : 심의나 의사결정 과정에서 많은 시간이 소요되기 때문에 신속한 결정을 필요로 하는 문제를 해결하는 데에는 적절하지 못하다. 이러한 경우에는 능률이 저하될 뿐 아니라 한 사람에게만 지출하면 될 경비가 여러 사람에게 지출됨으로써 경비의 낭비를 가져온다.

② 타협결정의 가능성 : 상반된 이해관계를 조정하다 보면 합리적인 결정보다는 타렵결정을 할 가능성이 생기며 특히 위원이 어느 압력단체의 이익을 대표할 경우에는 이러한 경향이 더욱 심해진다.

③ 책임의식의 박약 : 한 개인이 아니라 전체의 합의에 의해서 의사결정이 이루어지기 때문에 책임의 소재가 분명하지 않아 때로는 책임을 전가시킬 우려성이 있어서 책임의식이 박약해진다.

④ 기밀유지의 곤란 : 한 사람이 아닌 다수라는 점에서 기관내의 기밀이 누설될 가능성이 높다.

⑤ 신속한 결정의 곤란 : 여러 사람의 합의를 거치자면 시간이 지체되어 신속한 결정이 어렵다.

⑥ 통솔력의 약화 : 책임의 분담에 따라 강력한 통솔력을 행사할 수 없다.

⑦ 사무국이 지배할 우려성 : 실무를 담당하는 사무국이 위원회를 사실상 지배할 우려성이 있다.

3. 위원회의 종류

위원회는 학자에 따라 다양하게 분류하고 있다. Urwick은 그 기능에 따라 ① 집행위원회(executive commission), ② 조정위원회(coordinative commission), ③ 자문위원회(advisory commission), ④ 교육적 위원회(educative commission)로 분류하였다. Pfiffner는 위원회의 유형을 ① 행정위원회(administrative board), ② 독립규제위원회(independent regulatory commission), ③ 반독립규제위원회(board tied into hierachy), ④ 자문위원회(permanent board), ⑤ 조정위원회(직책에 의한 위원회, exofficcio board), ⑥ 초당파위원회(bipartisan board)로 분류하였다. Wheare는 위원회의 유형을 ① 자문위원회(committees to advise), ② 입법위원회(committees to legislate), ③ 행정위원회(committees to administer), ④ 조사위원회(committes to inquire), ⑤ 협의위원회(committes to negotiate), ⑥ 통제위원회(committes to scrutinize and control)로 분류하고 있다. 본 연구에서는 Pfiffner의 분류를 소개하고자 한다.

① 행정위원회(administrative board)

행정위원회란 행정관청의 성격을 지니고 있는 합의제 행정기관을 말한다. 이 위원회는 정부의 의사를 결정하고 집행하는 권한을 갖고 있기 때문에 이 위원회의 결정은 법적 구속력을 갖게 된다. 영・미에 있어서는 지방자치단체의 정부가 관청적 위원회형을 갖는 경우가 있으며, 우리나라에 있어서는 소청심사위원회・해난심판위원회 등이 이에 해당된다.

② 독립규제위원회(independent regulatory commission)

독립규제위원회란 입법부·사법부·행정부로부터 독립되어 있으면서 준입법적·준사법적 기능을 갖고 있는 위원회를 말하며, 독립규제위원회가 생기게 됨으로써 위원회제가 발달하게 되었다고 볼 수 있다.

독립규제위원회는 타위원회와는 달리 입법·사법·행정부로부터 독립된 제4부적인 성격을 지니고 있다. 이 위원회는 정치적 영향을 받지 않고 3부로부터 독립하여 권한을 행사할 수 있어 독립적 위치를 확보하고 있다. 또한 이 위원회는 자체의 규칙을 정하고 명령을 하는 등의 준입법적 권한을 가지고 있으며, 활동을 규제·불법화하고 허가를 하는 등의 준사법적 권한을 가진 합의제행정기관이다.

우리나라에 있어서는 중앙선거관리위원회, 중앙노동위원회, 금융통화위원회 등이 유사한 성격을 가지고 있으나, 그 발생동기에 있어서나 구성원의 임명절차 또는 구성원의 성격상 독립규제위원회로 보기는 힘들다.

③ 반독립규제위원회(board tied into hierachy)

반독립규제위원회도 준입법적·준사법적 권한을 가진 합의제기관이긴 하지만 완전히 독립적 위치를 확보하지 못하고 계층제와 연결되어 있다는 점에서 독립규제위원회와 구별된다. 이 위원회의 최종적인 행정책임은 계층제구조의 장에게 집결되며 준입법적·준사법적 권한만이 이 위원회의 고유의 권한이라고 할 수 있다.

④ 자문위원회(advisory board, advisory committee)

자문위원회는 막료조직의 성격을 지닌 합의제기관이다. 이 위원회는 특정한 개인이나 조직의 자문에 응할 목적으로 설치되었으며, 자문에 응하고 조언을 하며 각계각층의 의견을 전달하는 역할을 하기도 한다. 경우에 따라서는 정부시책의 집단으로서의 역할과 그에 반대하는 압력단체로서의 역할을 하기도 한다. 우리나라에는 과거의 행정개혁위원회·세제심의회·법제조사위원회 등이 이에 속한다.

⑤ 조정위원회(ex-officio board)

조정위원회란 개인이나 각 기관의 이견을 조정하기 위하여 필요할 때마다 소집되는 합의제기관이다. 이 위원회는 각 기관의 같은 계층의 인사로 구성하여 토의하고 이견을 조정하는 위원회를 말한다. 이 위원회는 각자가 직책을 가졌다는 의미에서 직책에 의한 위원회라고도 하며, 협의조정이 그 임무이기 때문에 협의위원회라고도 한다. 조정위원회는 단순한 건의 만을 하는 경우도 있고 법적 구속력을 갖는 경우도 있다. 우리나라의 기획조정실내에 설치된 기획조정위원회가 이에 해당된다.

⑥ 초당파위원회(bipartisan board)

초당파위원회는 정당정치의 폐단을 방지하고 행정의 능률화·합리화를 기하며 행정의 정치적 중립성을 확보하기 위하여 유력한 두 정당의 대표자로 구성하여 설치된 위원회를 말하며, 주간통상위원회, 연방교역위원회 등이 이에 속한다.

제8절 현대적 조직구조모형

1. 전통적 조직구조의 한계와 새로운 조직구조모형

전통적 조직구조모형은 다음과 같은 비판을 받고 있다(이종수외 공저, 2006:374-377; 하상군, 2005:262-270; 신현기외 공저, 2006:201-205; 한영춘외 공저, 1988:394-403; 위계점 편저, 2004:485-512; 박용치외 공저, 2006:296-300).

① 조직형성의 원리가 너무 기계론적이고 폐쇄적이다. ② 조직도표는 명확하게 제시되지만 조직현실의 형태를 설명할 수 없다. ③ 조직이 의도하는 기능 외에 기대하지 않았던 역기능이 발생한다. ④ 조직형성의 원리들은 경험적(논리실증의적) 입장에서 볼 때 허구라는 것이다. ⑤ 비공식구조에 대한 설명을 할 수 없다.

물론 전통적 조직구조는 안정된 상황하에서 일상적 · 정형적 · 기계적 과업을 수행하는 데는 효과적인 장치일수도 있고 고전적 조직구조로서 관리론이나 관료제는 이러한 의미에서 유용한 조직구조가 될 수도 있다. 그러나 오늘날과 같이 급변하는 시대적 상황에 대응하기 위해 전통적 조직구조는 수정 · 보완되어야 할 것이다. ① 오늘날의 조직환경은 급변하기 때문에 고전적 · 기계적 구조로서는 이에 대응할 수가 없다. ② 오늘날 정보기술이나 과학기술의 발달에 따라 조직은 고도의 전문성과 복합성이 요구된다. 따라서 복합적이고 전문적인 능력을 활용하는 조직설계라야 조직이 처하는 문제를 해결할 수 있다. ③ 조직속의 인간의 욕구수준 또한 높아지고 있다. 이제 인간은 생존과 안정만으로 만족하지 않는다. 자아실현의 욕구에로 욕구기대가 상승하고 있기 때문에 조직은 이에 대응해야 한다.

이 같은 조직이 당면한 상황의 변화에 대응하여 급격한 변화에 대처하고 전문성을 활용함과 동시에 기대욕구를 충족시킬 수 있는 조직구조형성이 요청되게 되며 이러한 요청에 부응하여 새로운 조직구조모형이 제시되고 있다. 그 대표적인 것이 애드호크라시(adhocraccy)[사업조직(project), 행열조직(matrix), 위원회조직(the committe structure), 대학형태구조(the collegical structure)], 중복작업집단체계(the overlapping work group system), 참여조직 등이다.

2. 애드호크라시(adhocracy)

1) 애드호크라시의 의의

애드호크라시는 관료제 및 고전적 조직이론과 대립된 구조형성이론이다. 관료제가 대규모성, 복잡성, 표준화된 고정적 구조나 계층제를 갖는 데 반하여 애드호크라시는 융통성과 적응도가 높고 혁신적인 성격을 띤다. 관료제는 성과지향적이고 기계론적 구조이기 때문 변화하는 상황에서는 문제해결능력이 없다. 따라서 정교한 혁신이 요구되는 상황에서는 상이한 분야의 전문가들을 특별한 프로젝트팀으로 통합하여 유기적인 적응을 할 수 있도록 함으로서 문제해결을 할 수 있게 하는 것이다. 애드호크라시는 유기체적·문제해결조직이다(김원경, 1995:156-169; 이창원외 공저, 2006:611-621; 박연호외 공저, 2002:390-398; Stephen P. Robbins, 1983:209-225; 위계점외 공저, 2003:365-386; 한영춘외 공저, 1988:395-403; 유종해외 공저, 2000:222-225 ; 정인흥외 공저, 2002:248-251).

애드호크라시는 ① 그때 그때의 일에 유연하게 대응하려는 주의로서, 이는 1968년경부터 미국에서 쓰이기 시작한 造語이며, 변동이 많은 현대의 산업사회에서 명확한 선택안을 갖고 문제를 해결하려는 주의, ②

특별위원회형 기구로서, 종래의 뷰로크라시(bureaucracy)에 대신하여 특별위원회를 구성하고, 소위원회마다 사회의 전문분야의 일을 창조적으로 해나가도록 하는 새로운 사회기구의 형이라고 한다.

애드호크라시는 문제해결을 위해서 다양 기술을 갖는 비교적 이질적인 전문가의 집단으로 구성된, 급속히 변화하며, 적응적이고, 일시적인 시스템이라고 지칭된다. 그러므로 애드호크라시와 관련된 말로 탄력적 · 적응적 · 반응적 · 혁신적 등의 단어를 들 수 있다. W. G. Bennis는 이러한 애드호크라시를 문제해결을 위해 다양한 전문적 지식이나 기술을 가진 이질적 집단으로 조직된, 변화가 심하고 적응력이 강하며 임시적인 체제라고 정의하고 있다.

2) 애드호크라시의 특징

조직의 구조변수(복잡성, 집권화, 공식화)와 관련하여 애드호크라시의 특징을 살펴보면 다음과 같다.

① 낮은 수준의 복잡성 : 복잡성(complexity)이란 수평적 분화와 수직적 분화 및 공간적 분산의 정도를 말한다. 애드호크라시는 공식적 훈련을 받은 고도의 전문성을 가진 사람들로 구성되기 때문에 조직구조상의 복잡성은 낮다. 따라서 관료제에서와 같은 많은 계층제를 갖고 있지 않다. 그 결과 전문가들이 적응력을 갖고 필요한 행동을 스스로 취할 수 있게 된다.

② 낮은 수준의 공식화 : 공식화란 조직의 직무를 어느 정도로 공식적 규정과 절차에 따라 수행하는 가를 의미한다. 애드호크라시는 규정과 규칙이 별로 없으며 있다고 하더라도 느슨하거나 문서화되어 있지 않다. 애드호크라시는 전문가들에 의하여 상황에 대응하여 문제를 해결하도록 맡겨진 조직이다. 따라서 공식화의 정도가 낮다.

③ 낮은 수준의 집권화 : 집권화(centralization)란 권력배분에 관한 것으로서 그 권력의 소재가 조직의 상층부에 있는 것을 말한다. 애드호크라시는 전문성에 따라 의사결정이 이루어지기 때문에 의사결정권이 분권화되어 있다. 따라서 애드호크라시는 집권화의 정도가 낮고 분권화되어 있는 조직이다. 이외에도 애드호크라시는 i) 고도의 유기체적 조직, ii) 고도의 수평적 직무전문화, iii) 기능별집단과 목적별 집단의 공존, iv) 연락장치의 설치, v) 선택적 분권화 등의 구체적인 특징을 지니고 있다.

3) 애드호크라시의 유형

① 사업조직(project team)

사업조직은 특정목적을 달성하기 위하여 조직내의 인적·물적 자원을 일시적으로 결합한 것이다.

사업조직은 일정한 문제해결을 위해서 만들어지는 임시조직이며 이 사업조직은 다양한 전문가들로 구성되어 문제해결을 위해서 적극대응한다. 이는 계선조직의 기능을 대처하는 것이 아니라 보완하는 것이며 급변하는 환경에 대하여 융통성 있게 대응하려는 것이다. 즉 급변하는 상황에서 특정한 문제를 해결하는데 있어서는 기능적으로 구조화된 조직으로서는 해결하기 어렵기 때문에 이러한 특정문제를 해결하도록 창조된 문제지향적 집단이 사업조직이다.

이 같은 사업조직은 팀이 특정문제를 해결하기 위하여 효과적으로 다양한 재능을 동원할 수 있다는 장점이 있다. 복잡한 환경에서 만나게 되는 문제는 기존의 기능적 조직으로서는 해결할 수 없다. 그러나 이 같은 사업조직은 고전적 조직이론의 기초개념인 명령통일의 원리를 침해한다. 또한 사업조직의 구성원은 정규 계선조직으로부터 고립감을 느낀다는 단점이 있다.

② 행렬조직(matrix structure)

기존의 조직체계에서 특정의 사업이나 프로젝트가 하나의 조직단위에만 국한되어 있지 않고 여러 조직단위에 걸쳐 관계되고 있을 때에 관계된 조직단위로부터 대표자를 뽑아 새로운 조직체를 만들었을 때에 이를 행렬조직이라고 한다(예: 올림픽조직위원회)(백완기, 1984:190-195).

행렬조직은 기능적 조직(전통적 조직구조)과 사업조직을 결합시킨 조직구조이다. 기능적 구조는 기존의 인사, 예산, 회계 등 기능에 따라서 또 책임과 권한에 따라 계층제 구조로 형성된다. 사업조직은 사업에 따라 형성된다. 종적으로는 기능적 구조가 횡적으로는 사업조직이 나타나서 기능적 구조와 사업조직이 결합된다.

③ 타스크포스(task force)

타스크포스란 복잡하지만 내용이 명백한 특정과업을 수행하기 위해서 형성된 임시적 구조이다. 이는 조직하위단위의 구성원들을 포함하여 형성되며 임시적 복합조직의 축소판이라고 할 수 있다. 그러나 전체조직에 적응될 수 있는 완전한 구조라기 보다는 전통적 계층구조의 부속구조라고 볼 수 있을 것이다. 따라서 타스크포스의 구성원들은 주어진 임무가 완수되면 원래의 계층조직으로 돌아 가거나 또는 새로운 타스크포스로 옮기게 되며 타스크포스는 특정과업이 완수될 때까지만 존재한다. 타스크포스도 역시 프로젝트구조나 행렬조직에서와 마찬가지로 과업과 관련된 전문기술을 가진 다양한 전문가들로 구성된다.

조직이 직면하고 있는 과업이 조직에 절박한 것일 때, 그리고 정해진 기준에 따라 기간내에 완수되어야만 할 때 또는 상호의존적인 기능의 과업을 수행해야 할 때 타스크포스가 바람직하다.

④ 위원회구조(the commitee structure)

위원회구조는 다음과 같은 경우에 바람직하다(백완기, 1984:184-189).

i) 의사결정을 하는데 폭넓은 경험과 배경이 요구되는 경우

ii) 의사결정에 영향을 받은 사람들이 참여하도록 허용되는 경우

iii) 보다 광범위한 업무분담이 바람직한 경우

iv) 조직의 어느 한 사람이 조직을 풀어갈 수 없는 상황에 직면하였을 때 위원회구조는 임시적인 것과 영구적인 것이 있다. 임시적 위원회구조는 타스크포스와 유사하고 영구적 위원회구조는 과업의 달성을 위해 타스크포스와 같이 활용됨과 동시에 행열구조에서처럼 안정성과 지속성을 갖는다.

⑤ 대학형태의 구조(collegial organization)

대학형태의 구조는 대학이나 연구소 또는 고급전문직에서 활용되는 애드호크라시의 유형이다. 이는 의사결정이 대표자들에 의해서 이루어지는 타스크포스나 위원회구조와는 달리 민주적 방식에 의해서 의사결정이 이루어진다.

4) 애드호크라시의 장・단점

가. 장점

① 높은 적응력과 창조성을 요구하는 조직의 경우에 적합하다.

② 어떠한 공동목표를 달성하기 위해 개별적으로 활동하고 있는 여러 유형의 전문가들을 모아 상호 협력하도록 하고자 할 경우에 적합하다.

③ 수행해야 할 업무가 전문지식을 요할 뿐 아니라, 비정형화되어 있고, 또 너무 복잡해서 한 사람의 힘으로는 감당하기 어려운 경우, 애드호크라시는 유용한 대안이 될 수 있다.

나. 단점

① 애드호크라시에서 갈등이란 불가피한 것이다. 왜냐하면 여기에서는 상위자와 하위자 간의 관계가 불분명할 뿐 아니라, 권한과 책임 간에도 명확한 구분이 없기 때문이다. 따라서 애드호크라시는 업무의 표준화가 가져다 주는 장점을 결여하고 있는 것이다.

② 애드호크라시는 구성원들의 대인관계에 문제를 야기시키며, 또 그들에게 심리적 불안감을 안겨 준다. 즉 어떤 업무에 종사하다가 그 업무의 목표가 달성되었다고 해서 모든 업무와 그 업무로 인해 생긴 인간관계를 갑자기 중단하고 새로운 업무에 적응하는 그러한 방식은 구성원에게 커다란 부담감을 가져다 주게 되는 것이다.

③ 관료제와 비교할 때 애드호크라시는 분명히 비료율적인 구조를 취하고 있다. 그 중에서도 가장 큰 단점은 관료제에서와 같은 기계적 모형이 제공하는 정밀성과 편의성을 결여하고 있다는 것이다.

제14장 TQM과 리더십

제1절 TQM의 의의

급변하는 행정환경은 행정관리에서 추구하던 전통적 가치의 변화를 가져왔고 그 변화는 자연히 새로운 가치추구를 위한 새로운 행정관리 방식을 요구하게 되었다. 바로 이 요구에 부응하여 가장 관심을 끌고 있는 것이 총체적 질관리(total quality management)인 것이다(오석홍, 2006:434-437; 박연호외 공저, 2002:10-16; 위계점 편저, 2004:552-555, 권기성외 공저, 1999:696-700; 윤영진외 공저, 2002:117-183)

TQM을 Milakovich는 고객만족을 서비스 질의 제1차적 목표로 삼고 조직구성원의 광범한 참여하에 조직의 과정 · 절차를 지속적으로 개선하여 장기적인 전략적 질관리를 하기 위한 관리철학 내지 관리원칙이다. Dehardt는 조직의 과정, 산출물, 서비스의 계속적 개선을 위한 수량적 방법 이용과 종업원의 참여를 통하여 고객의 요구와 기대를 만족시키는 총체적이며 종합적인 조직의 접근방법이다.

TQM은 지속적인 서비스 질의 향상을 실행하는 것으로 받아들여지고 있는데, 여기에서 총체적이란 고객의 요구의 확인에서부터 고객의 만족도 평가에 이르기까지 조직에서 수행하는 모든 업무에서 질적인 측면에 대한 조사를 적용하는 것을 의미한다. 질은 고객의 기대를 만족시키고 나아가 이를 능가하는 것을 의미하며, 관리는 지속적인 질 향상을 위한 능력의 개발과 유지를 의미한다.

제2절 TQM의 성격

TQM은 관리기술이라기보다 관리철학으로서의 성격을 띠고 있으며 관리자에게 ① 서비스의 질을 고객기준으로 평가하는 사고방식을 갖게 하고, ② 과정・절차를 개선하도록 하며, ③ 직원에게 권한을 부여하고, ④ 거시적 안목을 갖게하며, ⑤ 장기적 전략을 세우게 하고, ⑥ 현상에 결코 만족하지 않도록 하는 심리적 압박을 가하게 된다.

제3절 TQM의 핵심요소

① 물품공급업자와의 협력

업무수행과정에서 사용되는 공급품들이 사용에 편리하게 고안되는 것을 확실히 하기 위하여 물품의 공급자와 협력하는 것

② 업무과정의 지속적 분석

조직성원들의 업무수행능력을 향상시키고 작업과정을 지속적으로 분석하는 것

③ 고객과의 협력

고객이 원하는 것과 그들이 어떻게 업무서비스의 질을 정의하는지를 식별하고 이해하기 위하여 고객과의 밀접한 의사소통을 유지하는 것

제4절 TQM의 운용전략

TQM의 운용전략은 크게 3가지로 볼 수 있는데, 이들 전략은 상호배타적이기보다는 상호보완성을 갖고 있는 것이다. 즉 어느 한가

지의 전략을 독단적으로 적용하는 것보다는 3가지 전략을 동시에 적용하는 것이 보다 효율적이라는 것이다.

① 변형적 전략(transformational strategies)

이 전략은 새로운 비전, 목표와 세부목표, 과정의 도입을 통한 변화노력을 꾀하는 전략이다. 여기에는 고객요구의 확인, 고객만족도의 평가, 벤치마킹 등이 포함된다.

② 교류적 전략(transactional strategies)

이 전략은 TQM의 방법, 원칙들이 조직구성원들에게 수용될 수 있게 하는 전략이다. 여기에는 구성원참여와 권한위임, 성과의 평가와 인정, 새로운 보상제도의 수립, 경력개발프로그램, 직무만족도의 평가 등이 포함된다.

③ 대표적 리더십전략(representational leadership strategies)

이 전략은 TQM이 정치인이나 지역유력인사와 같은 외부의 제3자의 수용과 지지를 획득할 수 있도록 하는 전략을 말한다. 만일 광범한 지지가 없다면 TQM과 같은 혁신은 오래가지 못하게 될 가능성이 크기 때문이다.

제5절 TQM의 운용단계

1단계 : 직원들에게 그들이 하는 일과 업무의 양을 기술하고 고객이 누구이며 고객들이 필요로 하는 것부터 시작하여 향상되어야 할 업무과정에 대하여 식별하도록 한다.

2단계 : 일을 수행하는 데 포함되는 단계를 기술한다(누가 무엇을 언제하는가).

3단계 : 업무를 수행하는데 가장 빈번하게 결함을 발생시키거나, 일을 지연시키거나 재작업을 요하는 부분을 식별한다.

4단계 : 업무의 오류, 지연, 반복을 유발하는 원인을 식별한다. 빈약한 장비, 부적당하고 불명확한 설명, 적절치 못한 표준 작업과정, 미흡한 지시와 의사소통, 잘못 훈련된 직원과 관리자 등을 식별한다.

5단계 : 업무과정을 향상시키도록 고안된 소규모 시험프로젝트를 시험적으로 운용한다.

6단계 : 그 시험프로젝트가 잘 운용이 된다면, 조직전체에 변화된 과정을 시행한다.

7단계 : 새로운 과정이 지속적으로 업무과정을 향상시키는지를 확인하기 위하여 새로운 과정이 실시되는 것을 계속 감시한다.

제6절 TQM의 장점

① TQM은 사람들의 시간과 두뇌와 정력의 낭비를 확인하고 제거해 주는 접근방법을 제공해 준다.

② TQM은 종업원의 동기를 유발하고 종업원에게 권한을 위임한다.

③ TQM은 업무를 더 유쾌하게 하고 때로는 직원들에게 숨겨져 있는 재능을 발견하도록 해 준다.

제15장 인적자원과 리더십

제1절 인적자원관리의 의의

인적자원관리는 조직체의 인적자원을 관리하는 관리의 한 부분 또는 하위과정이다. 따라서 인적자원관리는 인적자원의 계획과 확보로부터 시작하여 이의 효율적인 활용과 유지·보존 그리고 보상과 개발에 이르기까지 노사관계를 위시한 모든 기능과 활동을 포함한다(Stephen L. Fink, R. Stephen Jenks, Robin P. Willits, 1983:237-266; Paul Hersey & Ken Blanchard, 1982:193-211; Herbert G. Heneman III, Donald P. Schwab, John A. Fossum, Lee D. Dyer, 1980; 김원경, 1995:1-38; 박연호외 공저, 2002:428-438; 이종수외 공저, 2006:492-499; 전수일외 공저, 2000:374-388; 오세덕외 공저, 2000:358-373).

간단히 말하면 관리기능상 인적자원관리란 조직구조상에 필요한 인력의 충원과 충원된 인력의 유지 및 보임을 말한다.

제2절 인적자원관리의 주요기능

인적자원관리는 조직의 인적자원을 관리하는 관리의 한 분야로서, 조직의 목적달성에 중요한 기능을 발휘한다. 인적자원관리에는 여러 가지 기능이 포함되어 있고 이들 기능은 상호간에 밀접한 관계를 맺고 있기 때문에 이들 기능을 체계적으로 분류하기가 매우 어렵다. 그러나 관리과정 관점에서 볼 때 인적자원관리는 인적자원의 확보, 활용, 개발로 크게 나누어질 수 있고, 따라서 이를 중심으로 인적자원기능을 다음과 같이 분류할 수 있다.

① 조직구조설계와 인적자원설계

조직의 장기전략과 계획을 중심으로 이에 필요한 조직의 장기적인 구상과 조직구조설계, 경영인력과 기술인력 등 조직에서 요구되는 인력의 구체적인 수급계획 등 조직의 장기적인 인적자원계획기능을 한다.

② 직무연구와 직무설계

조직구조를 구성하는 직무를 설계하여 직무체계를 형성하고, 각 직무를 연구분석하여(job analysis) 과업내용과 직무를 수행하는 구성원의 자격조건을 설정하는 기능을 한다.

③ 인적자원의 확보

조직에서 요구되는 인적자원을 확보하는 기능으로서 필요인력의 모집(recruitment)과 선발(selection) 그리고 배치(placement) 등의 기능을 한다.

④ 인적자원의 활용과 보존

조직의 성과달성을 위한 실제 인적자원관리의 가장 큰 부분을 차지하는 일상적인 기능으로서 실무관리자의 리더십과 인간관계(human relations), 인사고과(performance evaluation), 보상관리(compensation)와 후생복지, 인사이동 그리고 직장의 안전과 보건관리 등의 기능을 한다.

⑤ 인적자원의 개발과 조직개발

인적자원의 능력개발을 위한 교육훈련과 경력계획, 부하육성과 인사상담, 그리고 조직의 효율성을 높이기 위한 조직진단과 조직개발 및 변화관리 등의 기능을 한다.

⑥ 노사관리

노사관계와 관련된 모든 인적자원관리 기능으로서 노사간의 단체교섭(collective bargaining)과 교섭사항의 실천 그리고 노사간의 고충처리와 관리(grievance handling) 등의 기능을 한다.

제3절 효과적 인적자원관리의 전략

새로운 인적자원 부서가 전통적 역할들을 계속 훌륭하게 수행함은 물론이고, 수많은 새로운 요구들에 부응해야 한다는 점에 초점을 맞추어 볼 때 다음과 같은 전략들을 생각할 수 있을 것이다.

① 팀 및 수평적 조직형태 지원

팀의 중요성이 증대되면서 조직 내의 기본적 실행실체(performing entity)로서 팀이 개인과 함께 자리 매김을 함에 따라 이를 위한 인적자원 관리시스템과 관행의 개발이 불가피한 명제가 되었다. 개인을 위한 인적자원시스템에 필적하는 팀을 위한 인적자원시스템의 전체적 구도(whole array)가 정립되어야 할 것이다. 예컨대 팀의 성과를 관리하려면 목표를 설정하고 업무를 규정·관리하기 위한 관행들(팀 문제해결 기법, 팀의 성과를 평가하기 위한 관행, 그리고 그 팀을 보상하기 위한 관행 등)이 필요할 것이다. 더욱이 이들 팀 성과관리 관행은 개인성과관리관행들에 통합되어서 두 수준의 성과관리가 서로 어우러져 기능을 발휘할 수 있도록 하여야 할 것이다.

② 직원참여지원

한 조직내에 존재하는 모든 인적자원관리관행들(성과관리, 경력계획 및 그 개발, 승계계획 · 훈련 · 선발 그리고 보상 등)은 그 영향을 받는 직원들의 참여를 극대화하기 위해 설계될 수 있다. 예컨대 선발은 영향을 받는 당사자들--특히 잠재적 피선발자--의 입장에서 완전한 지식과 이해에 바탕을 둔 일종의 상호적 과정이 될 것이다.

직원참여의 가장 중요한 측면은 아마도 그것이 신뢰성 있는 방법(authentic way)으로 실행되어야 할 필요성이다. 만약 직원참여가 실효성이 있으려면 진정 뚜렷한 차이를 보여야 한다. 그렇지 않다면 참여관행들은 단순히 직원의 복종을 얻기 위한 조작도구가 되고 말 것이며, 이것은 장기적으로 볼 때 결국 기대를 그르치고 말 것이다. 진정한 참여는 결과가 조직 · 업무그룹, 개인의 욕구를 반영할 가능성, 그리고 그런 한도 내에서 참여수행초기에 예측할 수 없었던 결과를 이루어낼 가능성을 고려하는 것이다. 직원참여를 실행한다는 것은 인적자원의 기능이 개별직원을 위한 대변자 역할을 수행하고 있다는 사실을 보증하는 하나의 중요한 방법이 된다.

③ 리더십의 육성

전적으로 사람들만을 다루는 조직변수가 있다면, 아마도 그것은 리더십일 것이며, 이 리더십 육성은 분명히 인적자원관리의 영역에 속한다.

인적자원기능을 위한 적절한 역할은 리더십이 표면에 떠오르도록, 그리고 모든 팀과 그룹들이 자신들의 과업을 위해 조직화할 때 이들에게 필요한 리더십에 관한 실제시간 훈련(real time training)을 제공하도록 기회를 주는 일이다. 인적자원은 리더십이 어느 부분에서 나타나는지에 민감해야 한다. 리더십 재목(leader material)이 되는 사람들을 어떤 다 하는 방식으로 식별하여 그들에게 적절한 훈련과 경험을 제공하는 것은 인적자원기능의 역할이 아니다. 그보다는 인적자원 기능의 역할은 모든 사람들에게 리더십기회를 제공하고 사람들이 그러한 역할에 다가가는 것의 중요성에 주목하며 그들에게 한층 더 진전된 훈련과 기회를 제공하며, 끊임없는 훈련과 적응을 강조하는 반복적인 방식으로 그러한 과정을 계속하는 일이다.

④ 전략적 지원제공: 전문성과 서비스

직원참여와 리더십 그리고 팀 및 수평적 조직화는 모든 조직들이 경쟁적 도전에 부응하기 위해 실행하고 싶어하는 문화적 및 조직상 전략의 예이다. 인적자원기능은 이들 분야에서 전문성을 제공할 필요가 있으며, 이들 분야를 지원하는 서비스를 제공할 필요가 있다. 이러한 서비스는 더 이상 통제지향의 역할에서는 구현되지 않는다. 서비스라는 용어는 그것이 이들 분야에서 계선조직에 추종하는 지위를 의미하는 맥락에서는 오도될 수가 있다. 경쟁압력은 가치 부가적인 인적자원관리역할들만이 살아 남을 것이라는 뜻을 담고 있다. 이들 역할은 전략적으로 가치를 부가시키기 때문에, 점점 더 조직 기능화 주류의 중요한 일부가 되어야 한다는 자각이 점점 증대되고 있다. 인적자원관리가 이러한 새로 떠오르는 중요한 계선기능에 서비스적으로 되기 위한 유일한 방법은 인적자원 부서가 이들 분야에서 계선관리층과 파트너가 되는 것이다.

⑤ 변화와 조직학습의 조정

조직전략은 변화하게 마련인데, 이는 경쟁우위의 변화는 성격을 계속 좇아가기 위해서도 그렇고 경쟁우위의 새로운 원천을 확립하기 위해서도 그렇다. 발전해 가는 전략적 방향은 발전해 나가는 조직형태를 요구할 것이다. 물론 가장 중요한 구성요소로서의 사람에 대해서도 그러한 발전을 요구할 것이다. 변화는 그러한 새로운 질서에 대처하는 방법을 학습해야 할 필요성을 낳고, 학습은 변화를 위한 기반을 낳는다. 변화와 학습은 자기설계과정의 일부로서 인적자원관리자들은 자기설계과정에서 전문가가 될 필요성이 있으며, 그러한 과정을 통해 함께 일해 나가는 동안 타인들에게 그것을 가르침으로써 그 실행에 도움을 주어야 한다.

참고문헌

<국내문헌>

강용기외 공저, 행정학, 대영문화사, 2005.
권기성외 공저, 리더십, 형설출판사, 2000.
권기성외 공저, 리더십도전, 기한재, 1998.
권기성외 공저, 행정학, 형설출판사, 1999.
김규정, 행정학원론, 법문사, 2002.
김원경, 인적자원관리론, 형설출판사, 1995.
김호섭외 공저, 새조직행태론, 대영문화사, 1999.
박수영외 공저, 현대사회와 행정, 대영문화사, 2005.
박연호외 공저, 현대행정관리론, 박영사, 2002.
백완기, 행정학, 박영사, 1984.
신용일, 심리학개론, 동문사, 1993.
신현기외 공저, 행정학개론, 웅보출판사, 2006.
오석홍, 행정학, 박영사, 2006.
오세덕외 공저, 현대행정관리론, 동림사, 2000.
위계점 편저, 공공행정의 이해, 고시연구사, 2004.
유종해외 공저, 최신행정학연습, 2000.
윤영진외 공저, 새행정이론, 대영문화사, 2002.
이관용외 공저, 심리학개론, 율곡출판사, 1995.
이동호 편저, 행정학, 유비티아, 2005.
이종수외 공저, 새행정학, 대영문화사, 2006.
이창원외 공저, 새조직론, 대영문화사, 2006.
전수일외 공저, 공무원관리론, 대영문화사, 2000.

정인홍외 공저, 행정학, 박영사, 2002.

정재욱외 공저, 신행정관리론, 대명, 2002.

정재욱외 공저, 현대행정관리론, 대영문화사, 2004.

추헌, 조직행동론, 형설출판사, 1994.

하상군, 행정학원론, 대영문화사, 2005.

한국전문행정교육원, 대영문화사, 2005.

한영춘외 공저, 행정학원론, 진성사, 1988.

허완구, 행정학요점, 웅보출판사, 2002.

<외국문헌>

Andrew D. Szilagyi and Marc. J. Wallace, *Organization Behavior and Performance,* Glenview, Ill.: Scott, Foresman, 1987.

D. Krech. R.S. Crutchfield and E.L. Ballachey, *Individual in Society,* McGraw-Hill. Co., 1962.

Dalton E. McFarland, Management: Princples and Practice, 4th ed., New York: The Macmillan Co., 1974.

Daniel Robey, *Designing Organizations,* Richard D. Irwin, Inc, 1982.

Don Hellriegel & John W. Slocum & Richard W. Woodman, *Organizational Behavior,* 1988.

George R. Terry, *Principle of Management,* Homewood, Ill.: Richard D. Irwin, 1972.

Heinz Weihrich and Harold Koontz, *Management,* N.Y.: Mcgraw -Hill, 1993.

Herbert G. Heneman III, Donald P. Schwab & John A.Fossum, Lee D. Dyer, *Personnel/Human Resource Management,* Richard D. Irwin, Inc., 1980.

J.M. Ffiffner and R.V. Presthus, *Public Administration,* N.Y.: Ronald, 1960.

James L. Bowditch & Anthony F. Buono, *A Primer on Organi -zational Behavior,* 1985.

K. Davis and J. W. Newstrom, *Human Behavior at Work,* N.Y.: McGraw-Hill, 1985.

Keith Davis, *Human Behaviour at Work,* N.Y.: Mcgraw-Hill, 1972.

Merle E. Meyer, *Foundations of Contemporary Psychology,* New York Oxford University Press, 1979.

Paul Hersey and Kenneth H. Blanchard, *Management of Organization Behavior: Human Resources,* Englewood Cliffs, N.J.: Hrentice-Hall Inc., 1993.

Ralph M. Stogdill, *Hand Book of Leadership,* N.Y: The Free Press, 1974.

Stephen L. Fink & R. Stephen Jenks, Robin D. Willits, *Designing and Managing Organizations,* Richard D. Irwin, Inc., 1983.

Stephen P. Robbins, *Organizational Theory,* Prentice-Hall Inc., Englewood Cliffs, New Jersey, 1983.

W. Jack, Duncan, *Organizational Behavior,* Houghton Mifflin Company, Boston, 1981.

저자소개

충청북도 진천군 출생
노량진초등학교 졸업
용산중학교 졸업
상문고등학교 졸업
인천대학교 행정학과 졸업(행정학사)
광운대학교 대학원 석사과정 행정학과 졸업(행정학 석사)
중앙대학교 대학원 석사과정 사회복지학과 졸업(문학 석사)
광운대학교 대학원 박사과정 행정학과 졸업(행정학 박사)
한국행정학회 회원(교육취업위원), 한국지방자치학회 회원, 한국정책학회 회원, 서울행정학회 회원, 한국행정사학회 회원, 한국사회복지학회 회원, 한국사회복지정책학회 회원, 한국정책분석평가학회 연구위원, 인천의제21 복지분과위원회 위원, 인천광역시 지역보건의료심의위원회 위원, 안양시 생활보장위원회 위원, 수원시경실연 정책위원 및 연구위원
사회복지사 1급(보건복지부장관)
인천대학교 대학원, 광운대학교 대학원, 가톨릭대학교 사회복지대학원, 한세대학교 사회복지대학원, 백석대학교 대학원, 성산효도대학원대학교, 명지대학교, 서울신학대학교, 서울보건대학, 서일대학, 수원여자대학, 충청대학, 명지전문대학, 한양여자대학, 인천광역시 사회복지협의회, 행정자치부 국가전문행정연수원 강사, 광운대학교 사회과학연구소 연구원, 인천대학교 지역사회연구소 연구원, 서울YMCA병설 월남시민문화연구소 책임연구원, 인천발전연구원 연구위원(연구직 2급), 광운대학교 행정학과 겸임교수, 안양대학교 경영행정대학원 사회복지학과 교수
현재 지역사회연구소 소장

저서 및 논문, 연구보고서

"정책집행에 영향을 미치는 요인에 관한 연구(석사학위논문)", "지방정부의 사회복지재정지출의 결정요인에 관한 연구(석사학위논문)", "지방정부의 복지행정에 관한 분석적 연구(박사학위논문)".
「지방자치와 복지행정」, 홍익재, 1995. 「공무원관리론」, 대영문화사, 1999. 「지방복지행정론」, 학문사, 2002., 「사회복지정책론」, 학문사, 2004. 사회사업에 있어서 욕구사정과 치료기획, 지역사회연구소, 2005.
"복지국가에 있어서 정부의 역할에 관한 연구", "중앙-지방정부간의 복지기능 분담에 관한 이론적 고찰", "지역복지의 증진을 위한 지방자치단체의 정책방향", "유교사상이 한국행정문화에 미친 순기능적 영향", "지방재정정책의 사회복지기능에 관한 연구", "지역이기주의의 효율적인 해결방안에 관한 연구", "효율적인 복지정책의 집행에 관한 이론적 고찰", "사회복지서비스의 민영화에 관한 연구", "지역개발의 증진을 위한 재원조달에 관한 연구", "사회복지에 있어서 지방정부의 역할에 관한 연구", "인천시 노인복지정책의 현황과 정책방향", "사회복지부문에 있어 민간활력의 활용을 위한 정책대안", "사회복지시설의 운영에 대한 시설종사자의 의식조사에 관한 연구", "사회복지관의 효율적 운영을 위한 정책방향", "사회복지시설의 효율적 운영을 위한 정책방향", "지역복지서비스의 질을 높이기 위한 방안", "서울시 장애인복지정책의 현황과 정책방향", "노인복지서비스의 민영화에 관한 연구", "사회복지정책과정에 있어서 NGO의 역할에 관한 연구", "안양시 문화예술의 활성화 방안에 관한 연구"
「인천광역시직속기관 및 사업소조직진단」, 「보건서비스에 대한 주민의 반응과 정책과제」, 「계양구 장기발전계획」, 「2020인천드림」, 「강화군 장기종합발전계획」.

사회복지학총서 2

리더십

2007년 3월 31일 초판발행

저　자 : 봉 민 근
발행인 : 봉 민 근
발행처 : 지역사회연구소

경기도 수원시 장안구 정자동 대월마을
대림진흥아파트 825동 102호
신고번호 제103호
H.P : 018-283-8761

가격 25,000

ISBN 978-89-956837-1-2-93330

E-mail : bmk21@chollian.net